CINQUANTE ANS DE VIE PASTORALE,

NOTICE BIOGRAPHIQUE

SUR M. JEAN-BAPTISTE RENARD,

CURÉ DE LUNÉVILLE.

CINQUANTE ANS DE VIE PASTORALE,

NOTICE BIOGRAPHIQUE

SUR

M. JEAN-BAPTISTE RENARD,

CURÉ DE LUNÉVILLE,

Chanoine honoraire de Nancy, chevalier de la Légion-d'Honneur,

PAR M. L'ABBÉ GUILLAUME,

Aumônier de la Chapelle ducale de Lorraine, chanoine honoraire de Nancy, chevalier de l'Ordre impérial de François-Joseph d'Autriche, Membre de plusieurs Académies nationales ou étrangères.

NANCY,

<table>
<tr><td>AU SÉMINAIRE DIOCÉSAIN.</td><td>PEIFFER,
Libraire, trottoir Stanislas, 16.</td></tr>
<tr><td>THOMAS,
Libraire, rue St-Dizier, 155.</td><td>Mlle GONET,
Rue des Dominicains, 14.</td></tr>
</table>

LUNÉVILLE,

<table>
<tr><td>LEMOINE,
Libraire, rue de la Charité, 118.</td><td>Mme veuve GEORGES,
Libraire, Grande-Rue, 25.</td></tr>
</table>

1857.

A LA MÉMOIRE

DU VÉNÉRABLE DÉFUNT,

AUX MEMBRES DE SA FAMILLE,

A MESSIEURS LES ECCLÉSIASTIQUES

SES VICAIRES,

A MESSIEURS LES ADMINISTRATEURS

CIVILS ET MUNICIPAUX,

AUX DAMES DE CHARITÉ,

A TOUS LES HABITANTS DE LUNÉVILLE.

Hommage de l'auteur.

L'ABBÉ GUILLAUME.

INTRODUCTION.

L'estime et l'affection d'un homme de bien, d'un prêtre selon le cœur de Dieu, d'un vieillard plein d'expérience et de jours, sont, de l'aveu général, de suffisants motifs à celui qui en a été l'objet, pour l'autoriser, sans l'exposer au reproche d'adulation, à dessiner les traits principaux d'une vie consacrée tout entière à la gloire de Dieu, au salut et à l'avantage du prochain. Aussi, est-ce sans autre préoccupation que celle de ne pas rester trop au-dessous d'une tâche honorable, mais difficile, que nous entreprenons de la remplir. Des pensées d'un ordre plus relevé nous inspirent, d'ailleurs, en prenant la plume pour fixer sur le papier et faire connaître, au clergé comme aux fidèles, les actes de la vie pastorale du vénérable abbé Renard, décédé Curé de Lunéville.

En retraçant à ceux qui vivent les œuvres d'abnégation, de zèle, de charité, de dévouement de ceux qui ont vécu, la religion a bien moins en vue de chanter de stériles hymnes à la louange des derniers que Dieu récompense et couronne, que de provoquer les autres à une noble émulation ; que de placer, sous leurs yeux, des exemples qu'ils puissent imiter, et leur faciliter ainsi la moisson de palmes qui ne se fanent pas.

Or, il nous semble remarquer, dans la vie pastorale de M. Renard, non seulement une foule de ces actions honorables que d'autres aussi reproduisent, chaque jour, avec plus ou moins de perfection, d'éclat et de bonheur ; mais encore une administration qui n'a été si féconde en résultats, vraiment prodigieux, que parce qu'elle a reposé sur des principes dont il importe de faire ressortir l'excellence d'autant plus, qu'ils paraissent aujourd'hui, moins suivis et moins connus. Notre travail donc ne sera pas tant un éloge des travaux apostoliques d'un excellent pasteur, qu'une pieuse méditation sur la manière dont il s'en est rendu capable, dont il a su les exécuter.

Nous parlerons, néanmoins, de ses premières années, de ses études, de quelques-uns de ses maîtres, et même de ses débuts dans le sacerdoce, afin de nous mieux convaincre combien le Seigneur est admirable dans ses élus, combien il est saint dans toutes ses œuvres[1].

Et comme un penseur[2] a dit : le style, c'est l'homme même ; nous citerons, de discours composés en diverses occasions par M. Renard, les passages dans lesquels il nous aura semblé que le Ministre de Dieu a laissé percer davantage les pensées qui dominaient son intelligence, les sentiments que renfermait son noble cœur. Ils apprendront son apostolique indépendance, comme prêtre et comme prédicateur, son zèle pour le maintien de la saine doctrine, son admirable fidélité aux devoirs de la charge pastorale, son amour aussi ardent pour Jésus-Christ et sa religion divine, que tendre et compatissant pour les pauvres et les malheureux. Ils le montreront, au moins est-ce notre manière de juger, tel que l'ont fait la nature et la grâce, pour le bonheur de sa paroisse, la gloire du sacerdoce et l'édification générale.

1. *Mirabilis Deus in sanctis suis et sanctus in omnibus operibus suis.* Psal. 67.

2. Buffon.

CINQUANTE ANS DE VIE PASTORALE,

NOTICE BIOGRAPHIQUE

SUR

M. JEAN-BAPTISTE RENARD,

CURÉ DE LUNÉVILLE.

—————⬥◈⬥—————

M. RENARD,

Depuis sa naissance jusqu'à son élévation au Sacerdoce.

M. Renard appartient à l'une de ces familles que Dieu bénit parce que ceux qui en sont les chefs se sont unis comme s'unissent les enfants des Saints, dans la crainte du Seigneur, et non comme les payens qui font, de la société la plus digne et la plus intime, un foyer d'abominations[1]. Il fut le troisième de huit enfants et naquit le 9 mai 1771, de Simon Renard et d'Agathe Dubois, de la paroisse Saint-Bénigne, de Damblain, au département des Vosges et faisant alors partie du diocèse de Langres[2]. Son père était l'un des habitants les plus aisés de la commune, possédant quelques terres, tenant à bail une partie de celles du seigneur, qu'il

---

1. *Qui conjugium ita suscipiunt ut..... suœ libidini vacer -* Tob., ch. VI, v. 17.
2. Acte de baptême de M. Renard.

cultivait avec les siennes, et joignant à son exploitation
agricole un commerce de bois. Un de ses oncles maternels
servit l'Eglise comme religieux, puis comme Curé de Fran-
conville[1] où il est décédé; un autre avait embrassé l'état
militaire, gagna les épaulettes de capitaine et se retira plus
tard à Bourbonne où plusieurs fois il jouit de la visite de
son neveu.

Le nouveau-né reçut au Baptême le nom du Saint
Précurseur de Jésus-Christ. Plus tard il en imitera le zèle
et l'intrépidité. L'enfance du jeune Renard fut doulou-
reuse. D'une santé radicalement délicate, ses parents le
considéraient comme le plus faible de leur nombreuse famille et, de fait, il essuya plusieurs maladies assez graves
pour inspirer, sur son existence, les plus vives craintes.
Mais Dieu veilla sur l'enfant qu'il destinait à parler, de sa
part, aux peuples, aux rois et aux fils d'Israël[2]. Il lui conserva la vie, le dirigea vers l'état où il l'appelait, lui inspira, pour l'étude, une ardeur extraordinaire et, à ses parents, la détermination de faire, pour son éducation, tous
les sacrifices nécessaires.

Le jeune Renard commença, au collége de La Marche,
ses classes de latinité. Il les continua à Fresnes, canton de
Bourbonne, chez un M. Usunier, maître de pension. A
l'âge de treize ans, par conséquent, en 1784, il entra au
Séminaire de Langres où, très-probablement, il ne tarda
pas à suivre les Cours de Philosophie et ceux de la Théologie scolastique. Il put y recevoir encore, pendant plusieurs années, les instructions, les avis et les encouragements de l'illustre et savant de La Luzerne, et se former, par

1. Département de Seine-et-Marne.
2. Act. Apost. c. IX. v. 15.

les leçons de ce vertueux prélat, au mâle courage qui ne cessa de l'animer.

Pendant tout le cours de ses études, il ne relâcha rien de la persistance avec laquelle il se livrait au travail; persistance opiniâtre, qui est restée l'un des traits les plus caractéristiques de son esprit et qui contrasta chez lui, d'une manière si saillante, avec une extrême sensibilité de cœur. Ses parents et ses maîtres lui savaient une grande faiblesse de poitrine et des yeux prompts à se fatiguer et à se troubler; aussi essayèrent-ils, dans l'intérêt de sa santé, de modérer l'ardeur exagérée par laquelle il prétendait suppléer, dans la préparation de ses devoirs, à la facilité qui lui manquait alors; mais ils ne purent y parvenir : il savait trouver les moyens d'échapper à leur surveillance bienveillante et l'on sait, dans sa famille, qu'il employait l'argent de ses menus plaisirs à se procurer de la chandelle, pour prolonger ses travaux littéraires fort avant dans la nuit.

Prêtre, il continua longtemps le même système de suppléer par une étude acharnée, soit à l'ingratitude d'une mémoire rebelle, soit aux difficultés d'une lente composition. Il luttait contre le sommeil par le café noir et la marche précipitée dans son appartement. Pendant les cinq années, de 1805 à 1810, que l'un de ses neveux passa auprès de lui, à Lunéville, maintes fois il fut éveillé au milieu de la nuit, par le bruit que faisait son oncle, en déclamant ses sermons.

Cependant commençait à gronder l'orage qui, peu de jours après, éclata sur la France et faillit la submerger dans son propre sang. L'Assemblée législative avait, avec complaisance, accepté les dénonciations des patriotes contre le clergé; elle encourageait la persécution et les meurtres en y applaudissant. On était arrivé en 1792, quatrième année de la *Liberté*, première de l'*Egalité*, comme l'on disait alors; les égorgeurs de Prêtres avaient voué, pour le 14 juillet, anniversaire de la prise de la Bastille, une hécatombe à la Patrie qu'ils prétendaient ainsi glorifier et sauver. La Révolution ivre déjà de sang et d'impiété, folle autant que furieuse, avait substitué, à l'ancien calendrier et aux noms des Saints du Catholicisme, le calendrier républicain et les grotesques substantifs qui s'harmoniaient si bien aux noms des jours de la semaine. Et, pendant qu'elle inaugurait ainsi son ère de désorganisation sociale, d'horribles massacres avaient lieu, dans Paris, à l'Abbaye, aux Carmes, à la Force, à la Conciergerie, au Châtelet; boucheries atroces, qui ne se reproduisirent que trop fidèlement à Nîmes, à Bordeaux, à Limoges, à Versailles, à Reims, à Lyon et en tant d'autres lieux ! Quelle hideuse et mille fois effrayante époque ! Et qui donc accuserait de pusillanimité le lévite qui, à l'aspect du sang des Prêtres qui coule à flots, à l'aspect du glaive levé pour le frapper, s'il avance, à l'audition des cris de mort poussés par une foule de misérables en délire et abusés, se serait arrêté sur le seuil du sanctuaire, se serait, un instant, retiré à l'écart et aurait attendu, pour la consommation d'un sacrifice, toujours héroïque, qu'une colombe apportant du Ciel une branche du symbolique olivier, fût venue annoncer à la nation stupéfaite le retour du bon sens et de la paix?

C'est pourtant en cette année qui restera inscrite, en caractères de sang, dans les Annales de la Patrie; c'est au milieu du cahos qui se faisait alors que, le 14 septembre 1792, huit jours avant le 1er Vendémiaire de l'an UN de la République, Jean-Baptiste Renard se voua pour toujours au service des saints autels. Malheureusement, il ne reçut point l'onction sacerdotale des mains de son

Evêque légitime , et le fléau qui commençait à déso-
ler l'Eglise de France, fléau dont grand nombre de personnes n'entrevirent pas, de prime abord, la malignité, en-
tacha, de son influence délétère, l'ordination du jeune
postulant[1]. La vérité historique exige cet aveu, et nous le
faisons avec d'autant plus de franchise, avec d'autant moins
d'embarras que nous pouvons immédiatement montrer
M. Renard appliqué à se purifier d'une souillure dont
il eut horreur, et à protester, autant par ses actes que
par ses paroles, contre ce funeste résultat de l'inexpérience,
de l'ardeur juvénile, de la perturbation religieuse aussi
bien que sociale du moment. Voyez-le, en effet, en rela-
tion de bonne et respectueuse amitié avec les représentants
de la plus pure orthodoxie et de l'autorité diocésaine de
Nancy, MM. Jacquemin, depuis Evêque de Saint-Dié,
Mollevaut, Charlot, Michel et autres ecclésiastiques de
première distinction ; voyez-le, surtout, dès son arrivée à
Dommartin, où bientôt une circonstance particulière le
transporta ; voyez-le en communion avec MM. Dubois et
de Mannessy, pro-vicaires-généraux du diocèse de Toul,
méritant de leur part, en l'année 1802, ce témoignage,
qui lui attira la bienveillance de Monseigneur d'Osmond,
et que des hommes consciencieux ne peuvent donner
qu'après un long temps d'expérience et de sérieuse étude :
« M. Renard est un excellent ecclésiastique, pieux, timoré,
» instruit, zélé et bon pour gouverner[2]. » A lui, certainement, et à bien d'autres dont le Seigneur, seul, a pu sonder

---

1. Tout le monde comprendra qu'il s'agit ici de la Constitution civile
du clergé sur laquelle, mieux instruit, M. Renard se prononça comme
nous aurons occasion de le raconter.

2. Notes de MM. les vicaires-généraux du diocèse de Toul à Monseigneur d'Osmond, sur les Ecclésiastiques de cet ancien diocèse, année 1802. (*Archives de l'Evêché.*)

le cœur et les plus intimes pensées[1] il est permis d'appliquer le mot qu'un auteur payen prononça, dans une célèbre harangue et que nous ne rapportons qu'à cause d'une frappante analogie de position : Nous avons été emportés par je ne sais quelle situation malheureuse et funeste de la République ; mais si nous sommes sous le poids d'une faute, imputable à l'humaine fragilité, assurément, nous ne pouvons être considérés comme prévaricateurs : *Fato sumus nescio quo Reipublicæ misero funestoque compulsi ; etsi aliqua culpa tenemur erroris humani, à scelere certè liberati sumus*[2]. Ou mieux, et pour n'employer qu'un langage religieux, disons : Si l'Eglise, émerveillée de la résurrection de son divin époux, Notre Seigneur Jésus-Christ et du mystère inénarrable de la Rédemption des hommes, appelle heureuse[3] la faute du père des humains ; ne pouvons-nous pas, dans le même sens et le même esprit que celui de notre Sainte Mère, appliquer la même épithète à la faute qui a préparé cinquante ans d'abnégation personnelle, cinquante ans de travaux pour la gloire de Dieu et le triomphe de la vérité ?

M. l'abbé Renard était prêtre : mais comment dispenser aux fidèles les mystères de Dieu, alors que les temples dévastés étaient sans autels et transformés en ignobles étables ou en bruyants ateliers, alors que les Prêtres étaient traqués comme les animaux dangereux d'une forêt ?

M. Renard fut obligé de se cacher et d'employer mille moyens pour se soustraire aux dangers qui le menaçaient. Il n'est guère possible de le suivre dans le labyrinthe des péripéties dans lequel il dut tourner pendant l'espace de

1. *Scrutans corda et renes Deus ;* Psal. **VII.** v. 10.
2. Cicéron : *Orat. pro Marcello.*
3. *O felix culpa quæ talem ac tantum meruit habere redemptorem !* Proœm. Pasch.

quatre ans. Les dates précises, l'enchaînement et la véritable physionomie des faits ne nous sont point assez clairement révélés. Ce qu'il y a de positivement certain, c'est que n'ayant pu trouver, dans la maison paternelle que les agents de la force publique bouleversaient à chaque instant, une retraite suffisamment assurée, il se retira d'abord à Langres, chez M. Bouvier, marchand mercier, dont la femme appartenait à la famille Thévenot, de Damblain, puis à Bourbonne, dans la maison de M. Henry, tanneur, et dans celle de son oncle, le capitaine Dubois; tantôt assez libre pour se montrer en public, tantôt contraint de se dérober à tous les regards, le tout suivant les circonstances et la disposition des esprits Ce que nous savons encore, c'est qu'il devint l'objet d'une violente persécution. Les recherches les plus actives, les plus multipliées, les plus minutieuses furent dirigées contre lui; il n'y échappa que très-difficilement et, plusieurs fois, comme par miracle. En diverses circonstances, il faillit être découvert et ne dut son salut qu'à la Providence qui veillait sur lui et à sa présence d'esprit. Il dépistait les limiers qui s'acharnaient à sa poursuite; soit à la faveur d'un déguisement, soit par une fuite précipitée. Ne passa-t-il pas, sous le costume d'un charretier, le fouet à la main, conduisant un char, presque au milieu de ceux qui le cherchaient, avec espoir de le trouver infailliblement! Qu'il serait, à la fois, édifiant et curieux, le recueil de tous les faits étonnants d'à-propos et d'adresse, dont, à l'époque des malheurs de la révolution, les prêtres et les personnes consacrées à Dieu furent les agents, eux-mêmes surpris, émerveillés! Qu'il montrerait, avec une attendrissante évidence, la protection de Dieu, sur ses serviteurs, et les ressources que sut leur ménager sa bonté, dans les circonstances les plus désespérées !

M. l'abbé Renard profita des moments de sécurité dont il jouit, dans ses différentes retraites, pour compléter ses études de théologie et pour entreprendre celles des mathématiques. Il avait eu l'avantage de faire, à Bourbonne même, connaissance avec un respectable ecclésiastique, très-versé dans les sciences exactes, que nous avons eu, nous-même, le bonheur de connaître et à la mémoire de qui nous nous estimons heureux de payer, en passant, un juste tribut de reconnaissance et de vénération.

DOM ANTOINE JOURDEZ.

Dom Antoine Jourdez, le dernier survivant des Bénédictins de la célèbre abbaye de Saint-Mansuet de Toul, né à Faverney, le 17 juillet 1750, embrassa l'état religieux et fit profession à Saint-Mihiel, le 22 juillet 1766. Il enseignait les mathématiques aux jeunes religieux de son ordre, à Toul, dans les années qui ont précédé l'évacuation des couvents. Il donnait ses leçons, chaque jour et successivement, dans le monastére de Saint-Mansuet qu'il habitait, puis dans celui de Saint-Epvre où il se rendait avec une exactitude ponctuelle. Obligé de quitter sa chère maison, il vint à Bourbonne, probablement en qualité de professeur, puisqu'il y donna publiquement des leçons d'arithmétique et de géométrie. Néanmoins, ainsi que les Hébreux sur la terre de la captivité, il avait sans cesse les yeux tournés vers sa bien-aimée Jérusalem et, dès l'année 1797, il était rentré à Toul où il se logea dans la maison d'un tailleur d'habits. Cinq ou six ans plus tard, le pieux et savant Bénédictin attaqué d'une hemiplégie, retourna à Bourbonne, pour y prendre les eaux et logea chez le frère de M. l'abbé Renard dont il devint, de commensal, l'ami sincère comme aussi de toute sa famille.

Ne pouvant rentrer dans le monastére dont une force brutale l'avait expulsé, il s'en rapprocha autant que possible en fixant sa résidence à Toul, où il mourut le 30 septembre 1825.

Dom Antoine aimait les enfants et se plaisait à donner des leçons à quelques-uns de ceux qui manifestaient une meilleure volonté et de plus heureuses dispositions. D'une grande piété, de beaucoup de science, il partageait son temps entre la prière, l'étude et les occupations du saint ministère. MM. Dubois et de Mannessy, dont nous avons déjà fait mention, le firent connaître en ces termes à Monseigneur l'Evêque de Nancy : « Dom Antoine Jourdez, » Bénédictin, est un homme éclairé, excellent prêtre, très- » pieux, exerçant le saint ministère avec zèle et succès[1] ! » Et, en effet, jusqu'à ce qu'une cruelle maladie l'eut attaché sur sa couche, il aida, dans les fonctions pastorales, M. le Curé de la Cathédrale, paroisse Saint-Etienne de Toul. Il passait des heures entières en présence du Saint Sacrement, récitant les heures canoniales, même pendant les plus rigoureux hivers, dans l'Eglise où reposent Saint Gérard et tant de vertueux prélats. Il souffrit cruellement de la disette pendant les années 1816 et 1817 : afin de n'être pas indiscret à l'endroit des personnes qui suppléaient à l'insuffisance de ses ressources, il trompait la faim par la marche, jusqu'à ce qu'un jour, on le releva, non loin de sa demeure, tombé d'inanition. Il a laissé, manuscrits, un traité de sa composition sur l'orgue, plusieurs traités d'arithmétique, d'algèbre, de géométrie, d'astronomie et un grand nombre d'ouvrages qu'il copiait quand il ne pouvait les acheter chez le libraire. Les relations intimes de ce saint et laborieux ecclésiastique avec M. Renard, font l'éloge de ce dernier; elles sont une preuve nouvelle de ses heureuses dispositions ; elles n'ont pu que contribuer puissamment à fortifier, le jeune ami du vieux professeur, dans son goût pour les occupations sérieuses et dans son ardeur pour le travail.

---

1. Notes des vicaires-généraux de Toul. (*Archives de l'Evêché.*)

M. RENARD,

Depuis son ordination jusqu'à son arrivée à Lunéville.

Pendant son séjour à Bourbonne, notre abbé s'était fait connaître dans une famille ancienne et fort honorable de Coiffy, petit village des environs et dont un membre habitait celui de Dommartin-lès-Toul. Sans doute le maintien grave et recueilli du jeune prêtre, sa physionomie empreinte de cette mélancolie, qu'apportaient nécessairement, à son âme, les préoccupations de l'époque, son aptitude et ses talents, inspirèrent à **M.** de Barthélemy, la pensée de le donner pour précepteur à son fils, prévoyant bien que sous la direction d'un tel mentor, il ne pourrait que faire de solides progrès dans la science et dans la vertu. Le bon père fit part de ses intentions à **M.** l'abbé Renard : celui-ci accepta un emploi qui lui fournissait les moyens de se suffire à lui-même, de se rendre utile et de se fortifier dans les matières devenues les objets de ses études spéciales et de toute son application. Il vint donc prendre gite dans la villa de Dommartin à peu près dans le courant de l'année 1796.

Nous ne dirons pas qu'il s'acquitta des devoirs de sa nouvelle charge avec conscience et parfait dévouement; la connaissance déjà plus que suffisamment acquise de la hauteur de ses vues et de la délicatesse de ses sentiments le fait, tout d'abord, supposer et accepter. Mais nous ajouterons qu'il employait ses moments libres aux œuvres du ministère évangélique. La mort ayant enlevé le curé titulaire de Dommartin, il remplit, de l'aveu des supérieurs légitimes de l'époque, les fonctions pastorales en cette paroisse, à la grande satisfaction des habitans qui en ont gardé le plus honorable souvenir. Ce fut lui qui prépara son plus jeune frère à l'acte auguste de la première Communion. Cet enfant fut, en effet, envoyé par sa famille à Toul où il resta depuis le mois de novembre 1797, jusqu'au mois de février de l'année suivante, chez l'honnête artisan où Dom Antoine Jourdez avait lui-même son habitation. Chaque jour, il se rendait à Dommartin, auprès de son frère, qui l'initiait à la science de la religion et qui, souvent, après la leçon, le ramenait à Toul pour avoir occasion d'y rencontrer le vénérable Bénédictin qu'il y savait revenu, et s'entretenir pieusement avec lui.

Le précepteur disposa, aussi, à la première Communion son élève et l'admit au céleste Banquet le 31 mars 1799. L'exhortation qu'il lui fit en cette circonstance, si touchante et si solennelle, a été conservée, par M. l'abbé Renard, dans la collection de ses discours écrits : C'est, en date, la première composition oratoire que l'on retrouve de lui.

Que l'on se représente, dans l'antique Eglise de Dommartin-lès-Toul, aux murailles épaisses et aux étroites baies, dans ce vénérable sanctuaire visité par Saint Bernard et rendu célèbre par l'un de ces prodiges dont il plaisait à Dieu de faire son digne serviteur l'instrument favorisé ; que l'on se représente un autel dépouillé de sa parure, sur lequel, seulement, se trouve un crucifix sans valeur artistique et quelques vacillantes bougies ; un prêtre, revêtu d'ornements plus que modestes, une famille tremblante d'émotion, quelques assistants recueillis, puis, au milieu de cette assemblée des catacombes, un adolescent à l'âme pure, au front candide, demandant à être initié aux plus

redoutables comme aux plus consolants mystères de notre
sainte religion, et l'on comprendra ce que dut avoir de solennel et de pathétique l'allocution prononcée d'une voix,
en même temps douce et grave, et dont nous allons citer
quelques extraits :

« Il luit donc enfin, cher enfant, ce jour heureux, ce jour
de joie et de bénédiction pour vous, de contentement et de
satisfaction pour nous tous qui prenons le plus vif intérêt à
votre bonheur; il luit, et dans peu, dans un instant, vous
posséderez celui après lequel vous soupirez avec une sainte
impatience; dans un instant, le Sauveur du monde doit vous
honorer de sa visite, pour vous combler des dons les plus
excellents, vous enivrer des délices les plus pures et vous
élever au plus haut point de grandeur où puisse atteindre
le mortel dans le cours de cette vie misérable. C'est à la
vue de ces merveilles ineffables qui vont s'opérer en votre
faveur que, sentant mon cœur ému, mon zèle se ranimer,
je ne puis m'empêcher de vous adresser quelques paroles
d'édification, *non en qualité de pasteur,* je suis indigne de
ce caractère *et n'ai pour cela nulle mission,* mais pour
suppléer par la charité et autant qu'il est en moi, au défaut
des instructions d'un pasteur légitime dont nous sommes
privés. Daigne le Seigneur bénir les efforts de mon zèle et
donner à mes paroles toute l'onction nécessaire pour toucher votre cœur, l'exciter, l'embraser et le remplir des sentiments d'une foi vive, d'une ferme espérance, d'un ardent
amour, d'une salutaire componction et d'une tendre piété. »

Après un résumé clair et précis des instructions qui ont
préparé le néophyte à la grande et divine action qu'il va
consommer et des dispositions avec lesquelles il y doit pro-
céder; le pieux précepteur encourage son élève en lui
disant : « Si telles sont les dispositions actuelles de votre

cœur, rassurez-vous, cher enfant, ce trouble, cette agitation ne déplaisent point au Seigneur; ils ne peuvent, au contraire, que lui être agréables, parce qu'ils prouvent que vous sentez combien est sérieuse et importante l'action que vous allez faire..... Ne craignez donc pas de lui confesser votre embarras et l'espèce de confusion où se trouvent les pensées de votre esprit ainsi que les affections de votre cœur. Mais du profond abîme d'admiration, de respect et d'amour où votre âme semble s'anéantir, poussez vos cris vers le Ciel et dans un saint enthousiasme, dites à Celui qui l'habite : Mon Dieu, depuis longtemps je soupire après vous comme le cerf altéré soupire après les eaux des fontaines; depuis longtemps je brûle du désir de vous recevoir, non parce que je le mérite, mais parce que j'ai besoin de vous pour remédier à mes infirmités spirituelles, à ma faiblesse, à ma dissipation; et puisqu'en ce grand jour de vos miséricordes vous voulez bien enfin vous rendre à mes vœux et vous donner tout à moi, je me donne aussi tout à vous, je vous consacre, mon corps, mon âme, ma raison et ma volonté, je ne veux plus vivre que pour vous et de vous.........

» Que votre sang précieux, en inondant mon âme, y fasse germer et croître la semence de toutes les vertus chrétiennes, afin que cette âme, ainsi sanctifiée et enrichie des plus beaux ornements, vous devienne une demeure agréable où je vous conjure de vous fixer pour toujours.... Telles sont, cher enfant, les demandes que nous-même, nous allons porter, s'il est possible, jusqu'au pied du trône de l'Eternel, et lui offrant, en votre nom, le saint et redoutable sacrifice de nos autels. »

Oui, certes, l'étroite enceinte et la mystérieuse obscurité de la vieille église, la dénudation des murailles et des autels, le recueillement de chrétiens du premier âge, l'angélique modestie du jeune communiant frapperont d'abord le spectateur superficiel; il frissonnera de respectueuse crainte à l'audition de la voix sacerdotale qui, simultanément, instruit et prie; pour nous, nous admirerons le prêtre que la céleste poésie de son actuelle position ne peut distraire; mais qui, dominé par la pensée d'une situation exceptionnelle, songe à déclarer, au milieu d'une cérémonie, que l'assistance regarde comme de famille, mais qu'il sait élever à sa hauteur accoutumée, que, malgré l'assentiment des supérieurs, il entend n'accomplir qu'un acte de charité sacerdotale, commandé par l'urgence, et non point un acte d'autorité pastorale qui ne s'exécute qu'en vertu d'un mandat de celui à qui le vicaire de Jésus-Christ a directement confié ses pouvoirs.

Une circonstance semblable, mais plus solennelle, en raison du nombre des enfants, de l'assistance et de la localité, offrit à M. Renard, le 1er mai 1802, le sujet d'une nouvelle et plus touchante allocution. Il avait reçu, au banquet des Anges, son bien-aimé disciple, dans l'Eglise honorée de la présence de Saint Bernard; il fut invité à porter la parole à des enfants qui allaient faire la première Communion, au faubourg Saint-Mansuet, dans l'Eglise élevée non loin de la crypte, où l'on vénère encore aujourd'hui le tombeau du premier Apôtre des Leukois. Nul doute que la pensée d'un tel voisinage n'ait influé sur l'esprit et sur le cœur plein de foi de l'orateur chrétien; au moins se croit-on en droit de le conclure après avoir lu le discours que voici :

> Hæc est dies quam fecit Dominus,
> Exultemus et lætemur in eâ.

« Oui ! mes Chers Enfants, réjouissez-vous, élevez vos

concerts, poussez des cris de joie : Le grand jour du Seigneur est enfin arrivé. O l'heureuse nouvelle! C'est le jour de ses grandes miséricordes pour vous. Mais, qu'est-il besoin de vous le dire? Qu'est-il besoin de vous exciter? Vos cœurs, brûlant d'une sainte ardeur, vous ont à peine permis de prendre le repos de la nuit. Vous avez prévenu le lever de l'aurore par vos cantiques de louanges, d'adorations, de joie.

» Bien plus, depuis que Dieu, par une Providence particulière, vous a choisis entre mille autres, pour vous mettre au rang de ses prédestinés, depuis qu'il a bien voulu porter dans vos âmes le flambeau de la vérité, en dissiper les ténèbres, vous instruire de sa loi, vous révéler ses grandeurs et ses amabilités infinies, nous avons eu la douce consolation de vous voir soupirer après ce moment heureux. Vous l'avez hâté mille fois par les désirs d'une sainte impatience. Vous avez travaillé, sans relâche, avec le zèle le plus édifiant, à parer vos âmes, pour ce jour solennel, de tous les ornements de la piété et de la vertu. Vous n'avez rien négligé pour vous revêtir de la robe nuptiale, pour vous rendre dignes d'entrer dans la salle du festin et de participer à la table délicieuse du père de famille.

» Après de pareilles précautions, avec de tels sentiments, venez recueillir le fruit de vos travaux, et recevoir la récompense de votre piété. Venez boire à longs traits dans ce torrent de pures délices, et vous enivrer de ce vin céleste qui rejaillit jusqu'à la vie éternelle. Venez, approchez avec confiance à la voix de votre aimable Sauveur. Il vous appelle, il vous attend, il est descendu du Ciel sur cet autel, il vient d'y prendre un nouvel être, une nouvelle vie, il vient d'y renouveler les mystères adorables de notre rédemption, il veut vous en appliquer les mérites, en se donnant tout à vous. Après de si grandes avances de la part de votre Dieu, après des invitations aussi touchantes, qu'est-ce qui pourrait vous arrêter?

» Tous les chœurs des Anges, tous les esprits célestes, particulièrement vos saints patrons, instruits d'avance des grandes choses qui devaient s'opérer en votre faveur, sont accourus, du haut du Ciel, pour être les témoins de votre bonheur et de l'alliance sainte que vous allez contracter avec le Roi des Rois. Déjà, ils se réjouissent de votre heureuse destinée; ils célèbrent, par leurs cantiques éternels, le triomphe glorieux de la grâce; ils applaudissent par des concerts à la magnificence prodigieuse du Très-Haut. La Sainte Vierge elle-même, cette mère bienfaisante de tous les fidèles, ne quitte point son divin fils; elle est au pied de l'autel, comme elle était au pied de la croix; elle sollicite ses faveurs pour vous.

» Quel spectacle auguste pour votre foi! Quelle attente heureuse pour votre piété! Ah! éclairés des lumières de cette foi divine, que vos cœurs émus, attendris, se livrent à toute la vivacité des sentiments que doit vous inspirer une scène aussi touchante! Ne cherchez pas des paroles pour exprimer ce que vous sentez à la vue de votre Dieu. Un langage de saisissement et d'admiration est le seul qui convienne à sa grandeur et à votre faiblesse. L'humble hommage de votre impuissance est le plus digne de sa sainteté. Il ne trouvera pas mauvais qu'au milieu du trouble religieux qui vous agite, vous ne lui parliez que par votre respect et un saint tremblement.

» Que la Religion donc, la plus tendre, la plus vive, la plus respectueuse, que l'abaissement le plus profond préparent l'entrée de vos âmes à celui devant lequel les portes éternelles s'abaissent. Mais en confessant votre indignité, en vous humiliant jusque dans la profondeur de votre néant, ne vous laissez pas troubler par une crainte excessive. Si Celui que vous devez recevoir est un Dieu grand et terrible pour les méchants et les profanateurs, il est aussi un père tendre, miséricordieux et débonnaire pour ceux qui s'en approchent avec droiture, avec simplicité et la bonne volonté de le servir fidèlement. Or, puisque ce Dieu de bonté, en vous prévenant de ses faveurs les plus insignes, a bien voulu vous inspirer cette volonté sincère de ne plus vivre que pour lui, que vos cœurs, pleins d'une juste reconnaissance, s'ouvrent à la joie et à la confiance. Ils sont trop étroits, sans doute, pour recevoir et renfermer l'Etre immense que l'univers ne peut contenir; mais, que le feu de la charité les échauffe, les embrase, les dilate, et ils acquerront une étendue mystérieuse, ils deviendront immenses comme le Roi éternel qui doit y établir son trône.

» Alors ce Souverain-Etre, content de la demeure que vous lui aurez préparée, s'y fixera à jamais. Il sera le gardien de vos âmes. Il sera votre guide, votre soutien, au milieu des écueils et des dangers de votre pèlerinage sur cette terre étrangère et malheureuse. Il vous comblera de ses biens, de ses douceurs, de ses consolations. Et vous reconnaîtrez, avec de nouveaux transports d'amour et de reconnaissance, que ses dons sont aussi ineffables qu'ils sont infinis, et qu'il n'appartient point à l'homme d'en parler dignement.

» Qui pourrait, en effet, célébrer les merveilles de la grâce? Qui pourrait raconter les prodiges que la Sainte Eucharistie opère toujours dans les âmes saintement préparées. Ah! on épuiserait plutôt l'Océan goutte à goutte. Oui! mes chers enfants, je vous l'annonce avec joie, et sans crainte d'être trompé : cette manne céleste sera pour vous

une source abondante de lumière et de charité : elle sera
le principe et le gage précieux de votre salut. En la rece-
vant, avec les dispositions saintes où la grâce vous a mis,
les yeux de vos âmes achèveront de s'ouvrir, comme il arriva aux deux disciples à Emmaüs, et comme eux, vous con-
cevrez, vous verrez avec un doux ravissement ce que vous
n'aviez peut-être qu'entrevu jusqu'à présent.

» En effet, vous n'avez presque encore connu Dieu que
par ses ouvrages; *mais, dans la Sainte Communion, vous
le connaîtrez par le sentiment intime et délicieux de sa
divine présence.* Il est vrai, l'accomplissement des prophé-
ties, les miracles de Jésus-Christ, la constance des martyrs,
l'établissement tout divin du Christianisme sur les ruines
de l'idolâtrie; la beauté, la sainteté, la sagesse de la loi
évangélique, la sublimité de ses mystères, tout l'édifice
majestueux de la Religion ont porté la conviction dans vos
âmes, ont ravi vos cœurs, ont excité votre admiration;
*mais la Sainte Communion vous fera goûter combien le
Seigneur lui-même est doux.* Nous pouvons même dire,
qu'en réfléchissant sur le prix infini de votre âme, sur la
longueur de l'éternité, sur les mystères douloureux de Jésus-Christ, vous avez pris des résolutions fortes et sincères
de travailler sérieusement à votre salut; *mais, dans la
Sainte Communion, ces résolutions salutaires seront ci-
mentées par le sang même de votre adorable Sauveur.*
Enfin, dans le Sacrement de Pénitence, on vous a annoncé
la paix; *mais, par la Sainte Communion, vous posséderez
l'auteur même de la paix.* L'absolution a sanctifié vos
âmes par la rémission de vos péchés; *mais la Sainte Communion la rendra plus sainte encore, en effaçant jusqu'au
dernier reste de souillure du premier âge.*

» Ce n'est pas tout encore : ce pain des Anges augmentera en vous la foi, l'espérance, la charité, toutes les vertus chrétiennes. Il vous donnera un goût exclusif pour les choses du ciel, en vous dégoûtant de plus en plus de celles de la terre. Il vous communiquera une vigueur toute spirituelle, pour résister aux plus grandes tentations. Il comprimera les révoltes de la concupiscence souvent si funestes. Il réprimera la loi de la chair. Il mortifiera les passions. Il vivifiera la piété. Il vous fera sentir d'une manière plus vive et plus consolante les heureuses impressions de l'amour divin et les douceurs du service de Dieu. Il imprimera dans vos corps mortels une semence de vie et d'immortalité par laquelle ils seront un jour rendus glorieux et immortels. Enfin, après avoir été faits enfants de l'Eglise par le Baptême, vous deviendrez citoyens du Ciel par la Sainte Communion.

» Réjouissez-vous donc, mes chers enfants. Encore un moment, et tous vos vœux, tous vos désirs seront accomplis. Encore un moment et vous serez heureux du bonheur même des Saints; vous posséderez votre Dieu, et il vous possédera. Quelle sainte! quelle heureuse alliance! Que vos voix, que toutes vos puissances s'accordent pour célébrer cette fête si mémorable, si glorieuse pour vous. Et qu'un dernier élan d'amour portant vos cœurs jusqu'au pied du trône de l'Eternel, le force, pour ainsi dire, à répandre à pleines mains sur vous, toutes les bénédictions ineffables dont il se plaît à combler ses enfants les plus fidèles, les plus chéris, les plus favorisés.

» Dieu bon, libéral et magnifique! que pourriez-vous aujourd'hui refuser à ces jeunes disciples que vous voyez à vos pieds et dont vous connaissez les besoins? Pourriez-vous ne pas ouvrir tous les trésors de vos grâces, et ne bénir qu'avec réserve ceux pour qui vous êtes prodigue de vous-même? Vous les avez appelés; c'est à votre voix paternelle qu'ils sont venus; c'est par votre ordre qu'ils sont entrés pour participer aux noees de l'Agneau. Egalement effrayés et de la splendeur de votre sainteté, et de la profondeur de leur misère, ils n'auraient jamais osé se présenter d'eux-mêmes, vous les auriez toujours vus se tenir loin de vous par respect; mais vous leur avez ordonné d'approcher : et, plus enhardis par les tendres accents de votre miséricorde que découragés par le sentiment intime de leur indignité, ils sont accourus avec joie et avec confiance.

» Veuillez donc, ô Dieu trois fois Saint, veuillez concilier vous-même les intérêts de votre gloire, avec les besoins et l'empressement de vos enfants. Pour cela, daignez suppléer à leur insuffisance et aux faibles efforts de leur bonne volonté. Daignez vous préparer vous-même une demeure qui vous soit agréable. Embellissez ces temples vivants où vous avez dessein d'habiter, afin de les rendre dignes de votre majesté. Faites-vous précéder par le cortége brillant de toutes les vertus. Que la douce rosée de votre grâce, que l'eau mystérieuse, sortie autrefois de votre côté, lave, efface dans ces jeunes cœurs, toutes les taches qui les défigureraient aux yeux de votre pureté, avant de les inonder des flots de votre sang adorable. C'est ce que nous vous demandons, Seigneur, pour ces jeunes élèves de la Religion que nous avons le bonheur de vous présenter de la part de l'Eglise, votre Epouse; c'est ce qu'ils vous demandent eux-mêmes par les mérites infinis de votre mort, par leurs soupirs et par l'humble confession de leurs péchés. » *Confiteor,* etc.

Ces attrayants préludes au ministère pastoral incitèrent le zèle du jeune prêtre pour l'enfance chrétienne, au temple surtout où elle se dispose à faire le plus solennel festin de la vie religieuse et même sociale. Aussi, pendant tout le temps qu'en qualité de vicaire, il fut plus spécialement chargé des instructions préparatoires à la première communion, sut-il inspirer, à ses chers enfants, des dispositions capables de fixer sur eux l'attention de leurs parents, de la paroisse, des Anges et de Dieu. Echauffés par une parole brûlante, attendris par une pieuse onction, ils étaient vus manifestant leurs sentiments sur la grande action qu'ils allaient faire, par les actes les plus touchants d'une fervente naïveté. Puis, par une disposition particulière de son adorable Providence, Dieu voulut que son serviteur terminât sa carrière évangélique ainsi qu'il l'avait commencée : par un sermon de première Communion. La dernière fois que M. le curé monta dans sa chaire paroissiale, alors que déjà la maladie le retenait sur la couche de laquelle il eut le courage de s'arracher encore, ce fut, pour adresser aux enfants qui allaient s'approcher de la table sainte de paternels avis, de salutaires conseils, et leur donner cette bénédiction suprême que les Patriarches n'accordaient, à leur famille recueillie, que lorsqu'ils la voulaient quitter pour aller rejoindre leurs ancêtres dans la terre de la véritable patrie.

M. l'abbé Renard acheva les années du trouble politique et de la désolation religieuse dans l'exercice des fonctions qu'il avait acceptées comme une faveur venue de Dieu et pour les motifs honorables que nous avons dit.

A l'exemple des illustres précepteurs du duc de Bourgogne et de Louis, dauphin de France, il préparait, lui-même, pour son élève, les matières sur lesquelles il le voulait exercer. Il a composé, à l'usage du jeune de Barthélemy, un traité élémentaire de rhétorique, resté manuscrit, mais qu'il a eu soin de conserver en sa bibliothèque et qui nous a été communiqué. Nous n'avons rien à dire des préceptes généraux, les mêmes partout, et que chaque rhéteur va puiser aux sources antiques de Cicéron et de Quintilien; mais nous signalerons le tact exquis dont le sage maître fit preuve dans le choix des exemples dont il voulut orner la mémoire de son élève. Pénétré de cette vérité que, dans l'instruction comme dans l'éducation, le cœur doit trouver une large part, il les emprunta, de préférence, aux sommités littéraires dont la religion inspira le génie : à Bossuet, Massillon, Fléchier, Racine, Corneille et Jean-Baptiste Rousseau, ajoutons qu'il s'y montra aussi avare de mythologie payenne que Fénélon en fut prodigue en ses leçons ; preuve qu'il avait entrevu, de bonne heure, le danger de cette sorte d'éducation que, depuis, les Annales de Philosophie Chrétienne ont signalé avec tant de persistance et de lucidité.

Enfin, le Concordat entre le Saint-Siége et le Gouvernement français avait été arrêté à Paris le 16 juillet, confirmé à Rome le 15 août 1801, définitivement adopté comme loi de l'Etat par le nouveau Corps législatif, le 5 avril 1802, et, le saint jour de Pâques, 18 du même mois, l'Eglise de France avait célébré, à Notre-Dame-de-Paris, sa résurrection avec celle du Sauveur[1]. Monseigneur d'Osmond était arrivé à Nancy; il y avait été intronisé, comme Evèque, le 13 juin suivant et, sans perdre un seul instant, il avait mis la main à l'œuvre immense et si difficile de la régénération sociale et religieuse du vaste diocèse confié désormais à sa prudence, à sa sollicitude, à ses lumières.

Les temples s'ouvrirent et des ministres, canoniquement institués, y renouèrent la chaîne antique et précieuse de l'apostolicité. Mais combien de paroisses veuves de pas-

---

1. L'abbé Cordier ; Hist. de l'Eglise pendant la Révolution. Univ. Cath. Tome XXXVI, p. 694.

teurs et de prêtres, par suite de l'émigration des uns et de
la mort glorieuse d'un si grand nombre d'autres! Elles
s'impatientaient, celles surtout qui avoisinent les villes où
le culte se relevait de ses ruines et reprenait ses pompes
augustes, elles s'impatientaient de voir se prolonger pour
elles les jours de l'isolement, le deuil de la désolation et le
silence de la mort. Celle de Dommartin fut du nombre et
cependant, depuis l'arrivée de M. Renard en la maison de
M. de Barthélemy, ce jeune prêtre, en vertu de l'autori-
sation qu'il avait reçue des pro-vicaires-généraux de Toul,
depuis, surtout, la publication du décret de tolérance
de 1797, n'avait laissé manquer, cette commune, ni des
consolations spirituelles ni de l'office divin aux jours consacrés par la religion au culte public. Toutefois, le 11 juillet
1802 fut pour cette localité, le jour où, s'il est permis
d'employer cette locution, le Seigneur reprit officiellement
possession de son temple. Le titulaire en pouvait être désigné; mais il n'était ni arrivé dans la paroisse, ni canoniquement institué. M. Renard présida la cérémonie religieuse, et le discours qu'il prononça dans cette circonstance
est entre nos mains. Il fait pressentir ce que plus tard
sera, sous le rapport de l'art oratoire, celui qui en fit les
frais; il donne catégoriquement, la mesure de ses principes
et de ses dispositions à l'égard de l'autorité ecclésiastique.
On en jugera par les fragments qui vont suivre :

Le texte, emprunté d'Isaïe, est parfaitement adapté à la
circonstance : *Consolamini, consolamini, popule. meus,
dicit Dominus Deus vester*[1].

« Qu'il est heureux pour moi, mes Chers Frères, de
» pouvoir vous adresser aujourd'hui ces paroles de conso-
» lation par lesquelles le prophète annonçait autrefois au

---

1. Isa. Ch. XL. v. 1.

» peuple d'Israël la fin de sa captivité à Babylone! »

» Comme le peuple Juif nous avions irrité Dieu..... nous
» semblions avoir fixé pour jamais sur nos têtes coupables
» son terrible anathème. »

Une telle conduite obligeait la justice à une répression
sévère, et Dieu a frappé, et comment? et pourquoi? Ecoutons
l'orateur : « Le Tout-Puissant nous a châtiés en père et non
» en juge irrité. Il ne nous a livrés à ces tribulations que
» pour nous ramener à des principes plus chrétiens, plus
» dignes de sa sainteté, plus dignes de nous-mêmes et de
» la haute destinée de nos âmes. Il ne nous a privés, pen-
» dant un temps, des avantages inestimables de la religion
» que pour nous en faire mieux connaître le prix et la néces-
» sité. Il ne s'est éloigné de nous, il ne nous a abandonnés au
» délire de notre faible raison que pour nous convaincre
» par notre propre expérience de la grandeur de notre fai-
» blesse, de notre aveuglement et pour nous faire mieux
» sentir le besoin continuel que nous ayons de son assis-
» tance et de sa protection. » Que l'on se réjouisse puisque
le Seigneur s'est souvenu que, quoique coupables, nous
sommes ses enfants.... « Réjouissez-vous en particulier, pères
» et mères chrétiens, qui déplorez la mauvaise éducation,
» l'indocilité, peut-être le libertinage de vos enfants, sans
» pouvoir y apporter de remèdes efficaces. La Religion, en
» reprenant son empire sur les cœurs, leur fera aimer la sa-
» gesse et la vertu, elle leur inspirera le respect, l'amour et
» la soumission que vous avez le droit d'en attendre..... »
« Réjouissez-vous aussi, âmes religieuses.... revenez de
» vos frayeurs..... le Christianisme pur, cette religion di-
» vine, va reprendre son lustre..... Déjà les divisions fu-
» nestes qui déchiraient l'héritage de Jésus-Christ avec ce
» qui les avait occasionnées ont disparu. En ôtant du sanc-

» tuaire cette pierre de scandale qui fut la première et la
» principale cause des déchirements de l'Eglise ; en abolis-
» sant cette trop fameuse Constitution civile du Clergé, on
» a fait tomber le mur fatal qui nous séparait les uns des
» autres. Et en lui substituant un Concordat conforme aux
» principes sacrés de l'Evangile, on a consommé l'heureuse
» réunion dont vous avez été témoins.

» Que désormais donc il n'y ait plus parmi nous qu'une
» seule et même manière de penser et d'agir, comme il n'y
» aura plus qu'un pasteur, qu'une foi, qu'un baptême.....
» Vous avez été témoins de l'ardeur sainte qu'ont montrée
» les paroisses voisines pour le rétablissement du culte.
» Vous avez été jaloux de leur bonheur, vous avez désiré
» participer comme elles aux bienfaits de cet heureux réta-
» blissement ; nous ne doutons pas que vous n'imitiez leur
» générosité et leur dévouement, et nous sommes persuadé
» que nous n'aurons qu'à nous féliciter de nous être rendu
» aux vœux de votre juste impatience et d'avoir prévenu la
» nomination canonique du pasteur que la Providence des-
» tine à cette paroisse. »

Ainsi : la cause des malheurs de la révolution, leurs conséquences, l'espoir que la leçon sera profitable et que les
habitants de Dommartin comprendront ce qu'ils doivent
d'amour à la religion de leurs pères ; tout ce contexte d'un
sujet d'actualité est traité avec ordre et clarté, franchise et
brièveté, dans un cadre on ne saurait plus restreint. Mais
maintenant à quel titre paraît l'orateur dans la chaire qu'il
occupe ? Est-ce comme pasteur, ou tout au moins comme
un postulant ambitieux qui vient s'emparer d'un poste dont
ensuite il fera légitimer l'usurpation ? Nous allons voir :

« En paraissant parmi vous, en ce jour de grâce et de
» bénédiction pour y célébrer les mystères saints, *je ne dois*

» *laisser croire à personne que ce soit avec la qualité d'un*
» *pasteur en titre. Il n'appartient qu'à l'auguste prélat*
» *chargé de ce diocèse de nommer et d'envoyer celui qui*
» *doit vous instruire de là loi de Dieu et vous aider à*
» *marcher dans ses voies.* Quiconque oserait seulement
» concevoir le projet de s'installer de son chef dans une
» paroisse quelconque, se rendrait coupable du crime
» d'intrusion. Pénétré de ces principes, plein de respect
» pour notre digne chef, je ne prétends aujourd'hui à aucun
» titre qu'à celui que me donne le désir du bien joint au
» zèle le plus pur et le plus ardent pour la réligion et la
» gloire de Dieu. »

Ah! ce n'est assurément là le langage que d'un prêtre respectueux et soumis envers l'autorité ecclésiastique, mais indépendant et ferme dans l'accomplissement d'un devoir, même de pure charité. C'est celui d'un prêtre dont toute la conversation est dans le ciel, dont les pensées dominent la terre et qui ne voit, ne connaît, ne cherche que la glorification de la vérité. M. Renard s'est montré à Dommartin ce que, bientôt et désormais, nous le verrons à Lunéville, ce qu'en passant il parut à Coiffy où, la même année 1802, il donna le sermon de la Nativité de Marie, fête patronale de cette petite localité. Citons-en pour, l'édification, quelques fragments abrégés :

« En développant avec soin les traits de l'histoire de l'o-
» rigine glorieuse et de la Nativité de la Mère du Sauveur,
» il serait facile de faire un éloge pompeux des immortelles
» destinées de la Sainte Vierge et j'avoue qu'il serait doux,
» à un cœur épris de ses beautés, de lui payer ce léger tri-
» but de louanges. Je suis même persuadé qu'un pareil dis-
» cours obtiendrait les applaudissements de ce trop petit
» nombre d'âmes aimantes et sensibles qui, déjà touchées

» des grandeurs de Marie, ne désirent que de la voir glori-
» fiée. Mais cet éloge, quelque brillant qu'il fût, serait inu-
» tile à cette multitude de chrétiens, objet principal de ma
» sollicitude, qui, dans ces derniers temps surtout, ont né-
» gligé de rendre à la Mère de Dieu le culte qui lui est dû.
» C'est pourquoi j'ai cru devoir consacrer cette instruction
» à réveiller dans cette paroisse, des sentiments que dix
» années de désordre et d'impiété ont éteints dans presque
» tous les cœurs. Puissé-je réussir à vous inspirer à tous
» une piété tendre et sincère envers votre auguste patronne !
» Je me féliciterais de vous avoir fait faire un grand pas
» vers le salut. »

Avantages de la protection spéciale de Marie ; moyens de
mériter cette protection, telles sont les divisions adoptées
par l'orateur et qu'il a remplies avec succès. Il s'est aidé
de Massillon et de Galiffet ; mais il a eu la modestie de mar-
quer à la marge, les passages empruntés, afin de laisser à
chacun le sien.

Il ne manque pas, dans la première partie, de rappeler
à ses auditeurs, que leurs « pères, pieux et craignant Dieu,
» connaissaient tous les avantages de la protection particu-
» lière de l'Auguste Vierge, et savaient bien les apprécier ; »
pour tirer d'un tel souvenir cette exclamation : « Que ne les
» avez-vous connus comme eux ! que ne les avez-vous ap-
» préciés comme eux ! Comme eux, vous eussiez fait tous
» vos efforts pour y participer...... pendant l'affreux bou-
» leversement dont nous avons été les tristes témoins ; au
» lieu d'applaudir, et, peut-être, de participer aux impié-
» tés sacriléges qu'on a commises contre cette Auguste Sou-
» veraine des anges et des hommes ; au lieu de répéter les
» horribles blasphèmes que des hommes coupables, quoique
» soi-disant philosophes, n'ont pas eu honte de vomir con-

» tre la plus pure, la plus sainte de toutes les créatures, au
» lieu de rester spectateurs indifférents des extravagances
» inconcevables auxquelles se sont livrés les impies qui vou-
» laient détruire son culte avec celui du vrai Dieu, vous
» vous seriez fait un devoir de l'honorer plus que jamais,
» parce que vous aviez plus besoin que jamais de son assis-
» tance et de sa protection ; vous vous seriez réunis à ce
» petit nombre d'âmes vraiment chrétiennes, dont la fer-
» veur et la dévotion, envers la Sainte Vierge, n'a fait que
» croître pendant l'orage terrible qui a battu si longtemps
» le vaisseau sacré de l'Église.

» Mais oublions ces jours de crimes et de malheurs !
» Dieu, qui les avait permis dans sa justice, les a fait cesser
» dans sa miséricorde. Nous devons tous être revenus de
» l'illusion et guéris pour jamais de l'amour des nouveau-
» tés : La vraie raison, en reprenant son empire sur nos es-
» prits, doit faire reprendre, à la vraie religion, le sien sur
» nos cœurs. Heureux, mille fois heureux, ceux qui revien-
» dront sincèrement à cette religion consolante et néces-
» saire ! Heureux, mille fois heureux, ceux qui reprendront
» franchement le joug sacré de l'Evangile ! Heureux ceux
» qui, en connaissant tous les avantages qu'on trouve dans
» la protection de Marie, travailleront à la mériter. »

Je ne suis pas venu pour appeler les justes, avait dit le
divin Maître, mais pour sauver les pécheurs par la pénitence[1]. Ce fut aussi la conduite du fidèle disciple ; c'est de
l'Evangile qu'il s'inspira, ce fut lui qu'il choisit pour règle ;
aurait-il pu s'égarer et ne pas réussir ?

Mais son Evêque l'appelle à Lunéville ; c'est à Lunéville
qu'il faut nous préparer à le suivre.

---

1. *Non enim veni vocare justos sed peccatores ad pœnitentiam.*
Matth. c. IX. v. 13.

M. RENARD, VICAIRE A LUNÉVILLE.

Dirigé par cette règle d'impartiale et sage administration que les places ne se créent pas pour les individus, mais qu'il est, d'une haute gravité, que les distributeurs des emplois publics choisissent, avec discernement et sans favoritisme, les sujets les plus capables de les bien gérer; comprenant, d'autre part, l'importance de Lunéville, chef-lieu d'arrondissement, propriétaire d'un vaste et magnifique château comme aussi d'autres bâtiments dont l'Etat ne manquerait pas de tirer parti, Monseigneur d'Osmond avait résolu tout d'abord de diviser la cité en deux paroisses dont l'une, déjà formée, serait remise à M. Blampain et aurait pour église le magnifique temple dédié à Saint-Jacques-le-Majeur, et dont l'autre, à créer au faubourg de Nancy, serait placée sous l'invocation de Saint-Léopold et devrait son établissement aux soins et à l'activité de M. l'abbé Renard. Cet ecclésiastique, que MM. Dubois et de Mannessy avaient si honorablement signalé à son Evêque, devait louer un local pour y conserver le Saint-Sacrement, y faire le Catéchisme et y célébrer les offices, en attendant qu'il fût parvenu à obtenir de la municipalité un monument religieux digne de son auguste destination, ou bien à en élever un nouveau.

Les deux Curés arrivèrent à Lunéville, chacun à son endroit, dans le courant du mois de janvier 1803 et M. Blampain prit immédiatement possession. Des obstacles, insurmontables alors, ne permirent pas à M. Renard l'exécution du plan conçu par Monseigneur d'Osmond : il fallut l'ajourner indéfiniment; mais le bon prêtre n'y avait pas renoncé. Devenu

curé titulaire de toute la ville, et vers la fin des exercices
de la mission que l'on y donna, en 1825, il avait ménagé
l'acquisition de l'ancienne église des Carmes, pour en faire
la paroisse Saint-Léopold, et disposé toutes choses pour la
consommation de cette épineuse affaire; mais, au moment
de conclure, un incident malheureux, indépendant de sa
volonté, vint renverser toutes ses espérances, en faisant
évanouir les résultats de beaucoup de démarches et d'a-
droites négociations. Comme il convient de laisser, à chaque
époque, la responsabilité de ses propres actes et de ne rien
diminuer des œuvres d'une administration pour en gratifier
une autre; il est bien de rappeler ici que la pensée de former, de la partie de Lunéville au-delà du dernier pont, du
côté de Nancy, une paroisse, sous le vocable de Saint-Léopold, germait dans l'esprit des agents municipaux de la cité,
avant que Monseigneur d'Osmond n'eût songé à la réaliser
par les soins et l'activité de M. l'abbé Renard. Nous apprenons, en effet, de M. Henri Lepage, dans ses *Communes
de la Meurthe*[1] que, lors de la vente, comme propriétés nationales, des établissements religieux de Lunéville, celle des
Carmes, qui eut lieu le 12 juillet 1792, ne fut d'abord que
partielle. On avait réservé l'Eglise et la sacristie du couvent
pour la nouvelle paroisse Saint-Léopold que, par conséquent, il était question de créer, plus, un bâtiment et un
jardin pour le presbytère. Ce ne fut que quatre ans après,
le 19 fructidor, an IV (5 septembre 1796), que ces réser-
ves furent définitivement vendues. Terminée seulement en
1727, l'Eglise des Carmes de Lunéville avait été consacrée,
le 12 octobre, sous le titre de Saint-Léopold, par M. de
Bégon, Evêque de Toul. Deux ans plus tard, en 1729, on

1. Tome Ier, page 677.

y avait érigé une confrérie du Scapulaire et, dès l'année 1740, vingt-trois avant l'établissement, par M. Drouas, dans le diocèse de Toul, de la fête du Sacré Cœur de Jésus, on y avait établi une confrérie de ce Cœur divin, à laquelle le Pape Clément XII avait accordé plusieurs indulgences. La Congrégation des hommes y avait été aussi établie en 1728. Ces associations pieuses se sont reconstituées en la paroisse Saint-Jacques; mais il eût été plus consolant de les voir se développer et se perpétuer dans le temple même qui en fut le berceau.

Lunéville donc, ne pouvant, pour le moment, ne former qu'une paroisse unique, le vénérable Evêque de Nancy réunit, en un même presbytère, les deux hommes qu'il avait désignés d'abord, pour travailler, chacun de son côté, dans un champ vaste et copieusement planté : M. l'abbé Renard fut nommé vicaire de la paroisse Saint-Jacques et devint, avec M. l'abbé Robert, second vicaire, le commensal de M. Blampain, avec qui nous devons aussi faire connaissance.

M. BLAMPAIN.

M. Nicolas Blampain naquit à Lunéville, le 13 janvier 1738. Son père, jardinier peu fortuné, ne vécut plus que quelques années après l'avoir vu naître et le laissa, de bonne heure, orphelin. Sa mère, femme chrétienne et d'excellents sentiments, lui fit donner une éducation aussi distinguée que ses ressources le permirent. Lors de sa première Communion, M. Lervi, alors Curé de Lunéville, remarqua dans le jeune Blampain certaines dispositions qui lui firent pressentir ce qu'il pourrait devenir un jour. La cure de Lunéville appartenait aux chanoines réguliers du Bienheureux Pierre Fourier; ces religieux tenaient aussi le collége de la ville; ce fut d'eux que Blampain apprit les éléments de la langue latine, et l'on conçoit que ses goûts, le portant vers l'état sacerdotal, il soit entré dans la congrégation dont ses professeurs faisaient partie. Eux-mêmes, charmés de ses dispositions heureuses, l'avaient engagé à prendre rang dans leur communauté. Le supérieur général, abbé de Domèvre, l'accepta d'autant plus volontiers qu'il n'ignorait pas de quels succès ses premières études avaient été couronnées, qu'il entrevoyait quel honneur il ferait à la Congrégation et quels services il rendrait à l'Eglise. Il fut donc envoyé au Noviciat de Pont-à-Mousson et fit sa profession dans le courant du mois de septembre 1756. Il s'était enfermé avec plaisir dans une maison où tout respirait la piété, où tous les exercices étaient animés par cette vertu pratiquée dans toute sa naïve beauté. Aussi ne lui fit-elle rien perdre de la gaîté naturelle de son caractère; elle l'augmenta, peut-être; et dans le monastère,

4

de même que plus tard dans le monde, il prouva que cette gaîté, quand elle est, comme chez lui, le résultat d'une conscience droite et pure, quand elle ne songe point au mal, ne le cherche, ne le soupçonne pas même, s'allie parfaitement avec une véritable, solide et affectueuse piété.

Du noviciat où il était chéri de ses condisciples et de ses maîtres, on le fit aller à Saint-Pierremont. Il y étudia la philosophie et la théologie avec des succès marqués, sans rien relâcher de la fidélité à ses devoirs, sans rien perdre de son amabilité. Il fut ordonné prêtre en 1765, puis envoyé au collége de Toul en qualité de professeur. Il y demeura cinq années, pendant lesquelles il fit preuve d'autant de zèle que de talent. Esprit juste et bon appréciateur, en régentant ses élèves, il étudiait ses collègues plus anciens et plus expérimentés; il s'instruisait dans leur entretien, s'édifiait de leurs exemples et concluait du tout et pour son usage que, chargé de l'éducation des jeunes gens, il devait assidûment travailler à en faire, à la fois, de savants écoliers et de fervents chrétiens. Il ne cessa de diriger ses leçons vers ce double but. Plusieurs sermons de morale et quelques panégyriques qu'il prononça dans la ville de Toul, montrèrent qu'il n'était pas moins apte à la prédication qu'au professorat. Aussi, plus tard, le vit-on, dans les circonstances solennelles, occuper les chaires les plus honorables de la province ecclésiastique dont Trèves était la métropole.

Lorsque sa Congrégation eut obtenu la direction de l'Ecole royale militaire de Pont-à-Mousson, il fut destiné à y prendre part en qualité de sous-principal; là, comme à Toul, il songea bien moins à faire valoir, à son profit, les connaissances qu'il possédait, qu'à faire honneur à son état, en formant des élèves qui servissent avec avantage le gouvernement. Il occupa d'autres postes plus élevés encore;

malheureusement, les feuilles sur lesquelles un annotateur scrupuleusement exact les a indiqués, ont disparu, et pas ne nous a été donné de les recouvrer.

Dcs l'année 1791, il partit pour l'émigration, après avoir refusé le serment schismatique. Il se rendit à Trèves où, dans l'église du Séminaire, il fit la dominicale aux Français retirés en cette ville. Il visita différentes provinces d'Allemagne jusqu'en 1802 qu'il revint en France et s'alla fixer à Pont-à-Mousson. Il aurait souhaité la cure de Saint-Martin, de cette ville, qu'il avait déjà possédée vingt ans auparavant; mais l'autorité supérieure réservait à son zèle et à ses talents un champ plus vaste, un théâtre plus élevé. Ainsi que nous l'avons précédemment indiqué, il fut désigné pour Lunéville; c'est en cette localité que, jusqu'au 15 juillet 1824 qu'il prit le chemin du Ciel, il déploya, pour la régénération de la paroisse, toutes les richesses de son intelligence d'élite et de son excellent cœur; c'est en cette heureuse ville qu'il applaudit aux efforts de son jeune vicaire et qu'il fut le témoin réjoui des bénédictions dont il plut à Dieu de les féconder.

C'est donc avec les heureuses dispositions que nous avons remarquées en M. Renard; c'est avec un goût prononcé pour l'étude, une ardeur infatigable pour le travail, un zèle vraiment apostolique pour le salut des âmes et le triomphe de la religion; c'est, pénétré des conseils salutaires d'un saint et savant religieux; c'est sous la haute et paternelle direction d'un homme versé dans les lettres humaines, habile dans l'art de bien dire, d'un vénérable et généreux confesseur de la foi, qu'il est venu commencer, à Lunéville, le ministère que, pendant plus d'un demi-siècle, nous lui verrons exercer toujours avec la même foi, la même abnégation, le même dévouement.

M. RENARD, A LUNÉVILLE.

Suite.

Le vicaire parut, pour la première fois, dans la chaire paroissiale de Lunéville, le 16 février 1805. Il y développa, mais sur un ton plus élevé, les idées dont il avait, à Dommartin, proportionné l'expression à la capacité de son auditoire. Toutefois, ce ne fut pas sans ouvrir son âme, afin de laisser éclater les sentiments qui la remplissaient et pour le pasteur dont il devenait le suppléant et pour les ouailles qu'il devait aussi paître et diriger.

« Vous savez déjà, dit-il à son début, en quelle qualité
» j'ai l'honneur de paraître aujourd'hui parmi vous. M. le
» Curé, votre respectable pasteur, a eu la bonté de vous
» en prévenir. Il vous a dit que j'étais envoyé par Monsei-
» gneur l'Evêque, pour remplir sous lui et avec lui les
» fonctions saintes dans cette paroisse..... Je me ferais à
» moi-même les reproches les plus amers, si j'avais osé re-
» chercher cette place, ou si j'avais contribué pour quelque
» chose à ma nomination. Mais non ; plein d'une juste dé-
» fiance, je n'avais pas cru devoir me produire ; je ne dési-
» rais que d'être oublié. Notre auguste prélat seul, et sans
» y être excité par personne, calculant plutôt ma bonne
» volonté que mes moyens, a jugé à propos de m'envoyer
» travailler dans cette partie intéressante de l'immense vi-
» gne du Seigneur. Dans la voix du supérieur, j'ai reconnu
» la voix de la Providence et, plein de confiance en sa bonté
» qui peut, d'une seule parole, me transformer en un véri-
» table apôtre, j'ai obéi, je n'ai fait qu'obéir....... Je ne

» puis vous offrir que de la bonne volonté ; mais je vous
» offre une grande, une très-grande bonne volonté ; je vous
» offre un dévouement bien parfait pour tout ce qui a rap-
» port à vos intérêts éternels ; je vous offre un cœur vrai-
» ment animé du désir du bien, de l'amour de la paix, d'un
» zèle pur et ardent pour la religion, pour la gloire de
» Dieu, pour le rétablissement du règne de Jésus-Christ
» dans cette paroisse, pour le salut de tous. Si je n'ai pas
» la prudence et les vertus qui ne s'acquièrent que par un
» long exercice du bien ; au moins je saurai me défier de
» mon inexpérience et je mettrai mon attention à marcher
» sur les traces du pasteur vertueux que Dieu vous a donné
» dans sa miséricorde. J'attendrai qu'il aide ma bonne vo-
» lonté par ses conseils ; qu'il règle mon zèle par sa sagesse,
» qu'il seconde mes efforts par ses encouragements..........
» heureux si, par mon exemple, je puis vous piquer d'une
» sainte émulation et vous engager à le suivre avec moi.
» Nous ne pouvons avoir un meilleur guide, un pilote plus
» expérimenté. »

Qui n'admirera cette franchise, cette modestie de langage, cet acte solennel de soumission à la personne d'un
pasteur éclairé et de confiance en ses lumières ; cette expression du désir de contribuer à porter de communes ouailles à
recevoir docilement ses leçons et à les réduire en pratique !
Qui ne comprendra que Dieu ne pouvait que bénir un pareil
début et en faire, comme du grain de senevé dont parle l'E-
vangile, un grand arbre à l'ombre duquel une suite de générations devaient trouver la consolation, le repos et le
bonheur !

Dans ce premier discours, l'orateur a voulu revenir, un
instant, sur la constitution civile du Clergé ; voici ce qu'il en
a dit :

« La constitution civile du Clergé seule avait été la pre-
» mière et la principale cause de tous nos malheurs et des
» déchirements de l'Eglise. En abolissant cette trop fameuse
» constitution, on a fait tomber le mur fatal qui nous sépa-
» rait les uns des autres et, en lui substituant un Concordat
» conforme aux principes sacrés de l'Evangile, on a con-
» sommé l'heureuse réunion dont vous avez été tout à la
» fois les objets et les témoins. »

On ne saurait, assurément, en termes aussi convenables
et aussi restreints, faire, en même temps, une exposition
nette de principes et une profession de foi.

MOBILIER DE L'ÉGLISE.

Une fois installé et pendant que, de son côté, le Curé travaillait à rétablir l'ordre spirituel, à régler les exercices du culte, le vicaire s'occupa du soin de procurer, à la sacristie, le mobilier dont elle était dépourvue. La révolution l'avait tellement dépouillée, qu'on n'y retrouva qu'un seul calice, et certainement celui-là n'était, de ceux auxquels il avait survécu, ni le plus précieux par la matière, ni le plus remarquable par le travail.

Mais le prêtre fidèle répétait, chaque jour, en célébrant les saints mystères : O Dieu! j'ai aimé la beauté de votre maison et le lieu qu'habite votre gloire[1] ! Et il voulait, autrement que par de vaines paroles, prouver au Dieu qui avait réjoui sa jeunesse[2], et son amour et son respect. La sacristie de Lunéville se meubla donc, successivement, de linge, de vases sacrés, d'ornements, propres pour la semaine, riches pour les solennités. Le temple du Seigneur reprit une physionomie élégante et digne : les murailles furent appropriées, les boiseries vernies, l'orgue ressuscité; en un mot, tout ce qui tient à la décence, à la pompe des cérémonies augustes de notre sainte religion, fut, de la part de M. l'abbé Renard, pendant le temps de son administration pastorale, soit comme vicaire, soit comme curé, l'objet de sa sollicitude, de sa prévoyance et de ses largesses. On sait qu'en 1833, il dota l'Eglise de trois cloches magnifiques, malgré les difficultés qui lui furent suscitées

1. *Domine, dilexi decorem domus tuæ et locum habitationis gloriæ tuæ.* Psal. 25.

2. *Deum qui lætificat juventutem meam.* Psal. 42.

de plusieurs côtés. Cette sonnerie, pour laquelle la caisse municipale n'eût pas à s'imposer la moindre dépense, coûta, au généreux donateur, près de quatorze mille francs.

Désirant laisser toutes choses en bon état lorsqu'il plairait à Dieu de l'appeler à lui, il dépensa, en 1850 et 1851, quinze mille francs pour la complète restauration du jeu d'orgues de la paroisse. Peu de temps avant sa mort, il a, nous assure-t-on, commandé la confection d'un ornement complet, en étoffe riche. Ses successeurs en auront l'usage. Pour lui, le souverain Pasteur a voulu lui substituer à une étole de drap d'or, celle de la triomphante immortalité.

A ceux qu'une exigence outrée aurait portés à signaler quelques défauts de propreté ou de bonne tenue dans la sacristie de Lunéville, pendant les dernières années de M. Renard, nous nous contenterons de faire observer que : les yeux de M. le Curé, lui servant à peine pour se conduire et pour entrevoir les caractères d'impression sur les livres liturgiques, ils ne pouvaient plus lui laisser découvrir ce que

> L'intendant même, et pas un d'aventure
> N'aperçoit[1].

Or,   Il n'est pour voir que l'œil du Maître[2].

Et si l'infirmité vient à l'obscurcir, comment ce pauvre maître, si vigilant qu'il ait été, pourra-t-il dire encore :

> Que coûte-t-il d'ôter toutes ces Araignées[3] ?

1. Lafontaine, Fable : l'œil du Maître.
2. Idem.   Ibidem.
3. Idem.   Ibidem.

OEUVRES DE CHARITÉ.

Si l'amour de Dieu et celui du prochain sont inséparables ou, plutôt, si le second n'est que la conséquence nécessaire, que l'extension obligée du premier ; les œuvres, qui ont pour objet le soulagement temporel de l'humanité, ne sauraient demeurer étrangères aux cœurs sincèrement dévoués au culte des autels. M. l'abbé Renard s'occupa donc aussi, et toujours avec l'activité qu'il déployait en toutes choses, de l'amélioration du sort des malheureux. Tous les genres d'infortune fixèrent son attention, provoquèrent ses plus chaudes sympathies et reçurent, par ses soins incessants, des secours efficaces, d'inénarrables consolations.

Pour faire mieux apprécier toute l'étendue de la bienfaisance du bon prêtre dont nous analysons la vie, il faut se reporter, par la pensée, à l'époque où il arriva dans Lunéville et songer à la situation de cette cité, sous le rapport des ressources financières. L'hôpital, l'hospice des orphelins, tous les établissements de charité publique avaient été ruinés par la révolution. Car si, comme nous venons de le dire, l'amour de Dieu et celui du prochain sont inséparables, la haine des hommes découle nécessairement aussi de la haine de Dieu ; pourquoi et malgré toutes les protestations de la philanthropie, l'impiété n'enfantera jamais un seul cœur réellement affectueux et compatissant.

De concert avec la vénérable Sœur Marie, ancienne supérieure de l'hôpital, M. Renard releva ce précieux établissement, et le mit en état de recevoir ceux qu'affligeait la maladie et qui n'auraient pu se procurer, à domicile, les secours que réclamait leur pitoyable position.

Les prisonniers furent aussi l'objet de sa sollicitude. Il s'occupa de l'assainissement de la prison, et fit arriver aux détenus, jusque-là couchés sur une humide et malpropre litière, sans autre garantie, contre le froid, que des vêtements en lambeaux, des paillasses bien garnies et de chaudes couvertures.

Pendant le rigoureux hiver de 1810, il ouvrit, pour les pauvres de la ville, en des quartiers différents, trois locaux où ces malheureux pouvaient se retirer du matin au soir, et se préserver, auprès d'un poêle abondamment alimenté, de la rigueur des frimats.

Il se multiplia, pour procurer, après la malheureuse campagne de 1812, aux soldats blessés ou frappés de la terrible maladie qui les tuait, avec autant de promptitude et plus de souffrances que le canon, les secours spirituels et temporels que réclamait leur état affligeant et désespéré. C'est surtout en cette lamentable occurence qu'il se montra aussi bon français que prêtre excellent.

Attaqué lui-même du typhus, il lutta contre le mal jusqu'à ce qu'il en fut terrassé : déjà les médecins l'avaient abandonné; déjà la religion l'avait préparé au dernier combat, l'on n'attendait plus que le moment suprême, lorsqu'une simple potion qu'une main amie lui présenta, mais que celle de la divine Providence avait bénie, le rendit à lui-même et bientôt à ses charitables occupations.

Les artisans, les ouvriers à journée, les petits commerçants lui durent aussi une amélioration notable dans les moyens de continuer leur industrie et de soutenir leurs charges de famille. Il existait à Lunéville un certain nombre de prêteurs sur gages, de chez qui l'on peut dire que les nantissements ne sortaient plus, dès qu'ils y avaient été introduits. Dans une séance de la Commission des hospices

et de celle du bureau de Bienfaisance, réunies le 12 juin
1818, M. le vicaire fit examiner s'il ne serait pas possible
de créer un Mont-de-Piété, sous la direction de Commis-
sions charitables, ainsi que l'exige la loi. Un tel établissement n'ayant pu recevoir l'existence alors, on y suppléa,
autant que possible, en ne tolérant qu'un seul prêteur qui,
placé sous la surveillance des membres du bureau de Bienfaisance, était obligé de leur ouvrir, à toute réquisition, ses
registres et ses magasins. Cette mesure transitoire subsista
jusqu'en 1835 qu'un Mont-de-Piété fut régulièrement établi et qui continue à fonctionner au grand avantage des em-
prunteurs, le taux de l'intérêt ayant, déjà deux fois, subi
réduction.

La Caisse d'Epargne, fondée en 1838, compte aussi
M. l'abbé Renard, au nombre de ses principaux fonda-
teurs. M. le curé était également membre honoraire de la
Société de Prévoyance et de secours mutuels établie pour
les ouvriers de sa paroisse.

Nous ne nous sommes astreint à la chronologie, dans cette
énumération des œuvres de la bienfaisance de M. Renard
envers les nécessiteux, pas plus que dans celle des actes de sa
piété envers le Seigneur pour l'embellissement de sa sainte
maison, pas plus que nous nous y astreindrons pour tout ce
qui nous reste à signaler. Nous avons préféré grouper ces
œuvres par ordre de matières, afin de les compléter l'une par
l'autre et d'en faire mieux saisir l'importance et l'étendue.
C'est ainsi que nous n'avons rien dit encore de la fondation
d'une école gratuite ni de la *Maison des Pauvres* qui, à
elle seule, demanderait un opuscule particulier.

FONDATION D'UNE ÉCOLE PRIMAIRE

pour les enfants pauvres de la paroisse.

L'instruction séculière et religieuse des enfants ne pouvait échapper à la tendre et vigilante sollicitude d'un prêtre du mérite de M. Renard. Depuis son arrivée à Lunéville, il avait constaté que l'une des plus grandes difficultés du saint ministère, était de préparer convenablement à la première Communion les jeunes garçons appartenant à des parents pauvres et incapables de les envoyer à l'école. Ces enfants, en effet, ne fréquentaient les classes que fort peu de temps avant l'époque fixée pour l'auguste cérémonie; non pas que le charitable vicaire ne payât les mois d'école de ceux dont les parents lui faisaient connaître leur indigence; mais parce que plusieurs de ces parents, soit par timidité, soit par ignorance du désintéressement du ministre de Dieu, ne se présentaient pas en temps opportun.

Pour apporter prompt remède à un inconvénient aussi grave et en attendant que des religieux instituteurs pussent être installés dans la paroisse, M. l'abbé Renard fit ses dispositions pour ouvrir une école gratuite, dont il confia la direction à un maître élevé, dans son jeune âge, par les frères des écoles chrétiennes et qui s'était engagé, à donner aux enfants l'instruction primaire, suivant la méthode de ces modestes régents. Cette école fut ouverte le 1er août 1820. Plus tard, le zélé pasteur procura l'établissement de classes dirigées par les disciples du vénérable de La Salle, toujours dans l'intérêt des habitants les moins aisés et aussi dans celui de l'instruction chrétienne. Sans doute, la cité

n'était pas auparavant dépourvue d'instituteurs capables ;
mais, peut-être, la Religion n'avait-elle qu'une bien faible
part dans la distribution des leçons. Et maintenant qu'elle est
enseignée avec un zèle égal par les instituteurs primaires,
sans distinction d'ordre, la maison des frères ne laisse pas
d'être, comme en toute localité, d'un avantage immense
pour la population écolière, par l'émulation qu'elle provo-
que, entre les directeurs des différentes classes, à former une
jeunesse à la fois pieuse et solidement instruite.

Dans le courant de l'année 1848, M. le curé de Lunéville éprouva, au sujet de l'école chrétienne de sa paroisse,
de graves contrariétés de la part de la Commission chargée
de faire au Conseil municipal un rapport sur cette école.
Il s'en plaignit avec amertume et protesta contre ce qui
s'était dit et fait. La lettre qui exprime son chagrin et sa
protestation, a été publiée par le journal de la localité, le
29 juillet 1848. En voici la première partie :

Messieurs,

« Je suis profondément affligé, pour ne pas dire indigné,
du rôle que les ennemis des frères me font jouer aux yeux
de mes paroissiens. Dans la séance du Comité d'instruction
primaire, j'ai protesté, comme je proteste de toutes mes
forces, contre la délibération qui y a été prise, à la majorité
de cinq voix contre trois ; je proteste aussi contre la mauvaise foi avec laquelle on a exagéré, dans le public, ce que
j'ai dit de l'éducation morale et religieuse que je regarde
comme plus importante encore pour la bonne conduite des
citoyens et le bon ordre de la société, que ce qu'on appelle
l'instruction. C'est une nouvelle peine que je ne mérite pas
plus que tant d'autres[1]. »

1. Journal et Petites Affiches de Lunéville, 29 juillet 1848, page 3.

Les parents chrétiens des enfants de la paroisse prirent l'alarme et adressèrent au Conseil municipal de respectueuses réclamations. La faveur avec laquelle on les accueillit réjouit extraordinairement les pétitionnaires. Ils se réunirent de nouveau et virent se joindre à eux bon nombre d'autres chefs de famille pour signer une lettre de remerciements aux édiles de leur cité. Après l'expression de leur gratitude, on lit en cette épître « qu'on ne » pourrait jamais demander la suppression de la Maison des » frères sans froisser rudement le cœur de tous ces pères » de famille dans ce qu'ils ont de plus cher; sans jeter dans » la cité le ferment d'un mécontentement presque général, » et, par conséquent, agir contre le principe fondamental » du gouvernement dont l'âme, la vie et la durée ne repose » que sur les suffrages de la majorité. » Facilement on reconnaît, en cette pièce, la touche énergique et loyale de M. le Curé.

ASILE DES VIEILLARDS

ou le Coton.

Ce fut surtout pendant le cours des années 1816 et 1817, de si affligeant souvenir, que notre charitable et laborieux vicaire déploya toutes les ressources de son zèle pour procurer du pain à ceux dont la faim dévorait les entrailles et que l'on voyait se nourrir de l'herbe des champs, du marc de chènevis, du sang des animaux qu'ils recueillaient avidement, dans des seaux, sous le couteau du boucher. La rencontre d'un homme tombé mort d'inanition fit, sur le cœur sensible de M. Renard, une impression si profonde, qu'il résolut de lutter, en quelque sorte corps à corps, avec la famine et de lui arracher ses victimes : le rétablissement de la *Maison des pauvres* fut par lui décidé.

Voici en quels termes l'intelligent restaurateur fait l'histoire de cet hospice, dans un Mémoire adressé, le 15 octobre 1829, à M. le Ministre de l'Intérieur, à l'effet d'obtenir qu'il soit déclaré d'utilité publique et légalement constitué :

« Par lettres patentes en date du 25 juin 1764, le bienfaisant Stanislas, roi de Pologne, etc., avait créé, à Lunéville, une maison de charité sous le titre de *Maison des Pauvres* et qui est vulgairement nommée le coton, parce que, avant la révolution, on y filait ce duvet.

» Avant cette époque du 25 juin 1764, cette maison, dont M. l'abbé de Bellair[1], premier vicaire de la paroisse,

1. L'histoire du premier établissement de l'ouvroir du Coton à Lunéville est écrite en quarante-six feuillets, par M. l'abbé de Bellair,

avait jeté les fondements, et que, par son zèle, avec le secours des âmes charitables, il avait déjà fait préparer, n'é-
tait destinée qu'à recevoir un certain nombre de jeunes et
pauvres orphelins. Mais, par ses susdites lettres patentes,
le roi Stanislas lui ayant donné un très-grand développement, il avait ordonné que les jeunes et pauvres orphelines
y seraient reçues aussi bien que les orphelins ; que la maison de force pour les aliénés et l'aumône publique y seraient réunies ; que les pauvres qui, à raison de leur âge
ou par d'autres considérations ne pourraient y être admis,
recevraient des secours en pain, dans la proportion de leurs
besoins et, renouvelant les anciennes ordonnances contre
la mendicité, Sa Majesté s'exprimait ainsi, Article xxii :
Faisons défense à toutes personnes de tout sexe, lieu et âge,
de quelque état et qualité qu'elles puissent être, valides ou
invalides, de mendier dans la ville et ses faubourgs, non
plus que dans les Eglises ou aux portes d'icelles.

» Jusqu'à la révolution, cette maison, si précieuse à la
ville, n'avait fait que s'agrandir et prospérer toujours davantage ; mais, à cette terrible époque, elle fut entièrement
anéantie avec toutes ses ressources.

» En 1810 seulement, la Commission des hospices, par

chanoine régulier, vicaire de Lunéville et fondateur de cette œuvre de
charité. Il la commença dès le mois de septembre 1759, à l'imitation
de celle que M. son frère, curé de la paroisse Saint-Léon, de Toul,
avait établie en cette ville, pour de pauvres enfants. Rien de plus édifiant que la simplicité avec laquelle le bon vicaire inscrit jusqu'aux
moindres détails de son entreprise, que la sollicitude avec laquelle il
la voit se développer. M. Renard avait eu l'intention d'écrire aussi,
avec une certaine étendue, l'historique de l'établissement des *Pauvres
vieillards*, à la suite du récit de M. de Bellair ; mais les devoirs indispensables de son ministère ne lui en ayant pas laissé le loisir, il ne fit
que transcrire le mémoire adressé par lui à M. le Ministre de l'Intérieur
et auquel se rattache cette note.

des soins et des efforts bien dignes d'éloge, la releva en
partie pour y recueillir et y faire élever, par les charitables
sœurs de Saint-Charles, un certain nombre d'orphelins des
deux sexes. Trop circonscrite dans ses moyens, la Commission ne put en faire davantage, et plusieurs corps de
bâtiments de cette vaste maison restant inutiles, menaçaient
de tomber en ruines.

» Sur la fin de 1816, effrayé de la misère qui commençait à se faire sentir et que je prévoyais bien devoir être
affreuse jusqu'à la récolte de 1817, je conçus le projet de
relever entièrement cette maison des pauvres. Leurs Altes-
ses le prince et la princesse de Hohenlohe, qui venaient
d'arriver à Lunéville, eurent la bonté d'applaudir à mes
idées. Déjà fort de leur protection, et me confiant dans la
Providence, je formai aussitôt une société de Dames de
charité qui, toutes aussi, entrèrent avec zèle dans mes vues
et se montrèrent toutes prêtes à seconder mes projets.

» Jusque là, il n'y avait pas eu de bureau de charité établi à Lunéville, parce que les ressources pour les secours à
domicile étaient presque nuls, et que la Commission des
hospices s'en était chargée ; mais, comme pour une aussi
grande entreprise, j'avais besoin d'être aidé par quelques
notables personnes jouissant de la considération générale et
ayant de la bonne volonté, je me permis d'en choisir cinq et
de les présenter à M. le Préfet, en le priant de les nommer
provisoirement et de faire ensuite confirmer leur nomination par le roi.

» Cette double organisation d'une société de Dames et
d'un bureau de charité s'est effectuée dans l'espace de
quelques jours. Alors, m'étant assuré de l'agrément et du
concours de l'autorité administrative, ayant aussi obtenu de
la Commission des hospices la permission de disposer des bâ-

timents vacants dans la maison des pauvres, j'osai emprunter, et, avec une somme de dix mille francs, je fis faire sur-le-champ à ces locaux les réparations nécessaires ; j'achetai des lits, des marmites et autres objets mobiliers, ainsi que des provisions de riz, de blé, de pommes de terre, etc., etc.

» Après avoir donné, par toutes ces dispositions, un premier élan à la bienfaisance publique, je montai en chaire, j'engageai de mon mieux tous les honnêtes habitants à prévenir, par un commun accord, les suites effrayantes du fléau qui commençait à peser sur le peuple, à *ne pas répandre leurs aumônes* comme au hasard, mais à les réunir, à les verser dans la caisse des Dames de Charité, qui se chargeant d'aller visiter les pauvres, sauraient mieux apprécier les besoins de chacun et répartir les secours dans une plus juste proportion.

» Le Ciel, bénissant mes efforts, je fus écouté : le lendemain du dimanche où je fis ce discours, les Dames de charité parcoururent la ville pour recueillir les souscriptions et, à mon grand étonnement, mais bien plus encore à ma grande satisfaction, elles s'élevèrent, pour l'année, à la somme de vingt-six mille trente-six francs vingt centimes (26,036 fr. 20 cent.).

» Assuré de cette somme, je réunis tous les vieillards infirmes, mendiants de la ville, c'est-à-dire, tous les malheureux incapables de travail, dont il eût été trop dispendieux de payer la location en fournissant à tous leurs autres besoins et, le 19 décembre 1816, après une messe solennelle du Saint-Esprit, à laquelle assista presque toute la population, ainsi que ces pauvres vieillards, je les fis entrer, au nombre de plus de quatre-vingts, dans la maison disposée pour les recevoir et où je leur avais préparé un dîner qui leur fut servi par Mme la princesse de Hohenlohe et par toutes les Dames de charité.

» La ville, une fois débarrassée des mendiants, on dressa, quartier par quartier, une liste des autres indigents qui avaient plus ou moins besoin de secours, et, jusqu'à la récolte de 1817, tous reçurent, chaque jour, une abondante portion de soupe économique avec le pain et le bois nécessaires et divers autres secours en argent.

» Cette calamiteuse année finie, j'engageai mes paroissiens à continuer la bonne œuvre qu'ils avaient si bien commencée, et surtout à soutenir la Maison des pauvres, non seulement pour n'avoir plus sous les yeux le triste spectacle de la mendicité; mais surtout parce qu'en tenant réunis, dans une maison de religion, tous ces malheureux qui, en mendiant, oublient trop souvent la grande affaire de leur salut, c'était donner à ses aumônes le double mérite de servir aux besoins de l'âme comme à ceux du corps. Et je ne puis assez dire avec quel charitable zèle on s'est rendu à mon invitation.

» D'année en année, je n'ai rien négligé pour soutenir, pour ranimer sans cesse ce bon zèle, et, après avoir éprouvé, pendant quatre ans, la constante et généreuse charité des dignes habitants de la ville de Stanislas, au commencement de 1821, je leur fis sentir de nouveau l'incalculable avantage qu'il y avait, pour tous, à maintenir la Maison des pauvres; mais, en même temps, je leur fis observer qu'il serait impossible de la maintenir à perpétuité par le moyen trop précaire des souscriptions volontaires; je les exhortai donc, non seulement à continuer leurs offrandes pour les dépenses courantes de l'établissement, mais encore à faire des dons et des legs pour former des capitaux et travailler à doter la maison de manière que, dans la suite, elle put vivre de sa propre vie.

» Encore une fois, ah! pourrai-je jamais assez bénir le Seigneur! Oui, encore une fois, je fus écouté de mes bons paroissiens, tellement que, depuis cette époque, c'est-à-dire, dans l'espace de neuf ans, non seulement la Société des Dames de charité a pu entretenir constamment dans la Maison des pauvres, plus de soixante vieillards ou infirmes qui, tous, auraient été mendiants, et encore donner des secours à beaucoup de pauvres honteux; mais que déjà, par les dons d'un grand nombre de bienfaiteurs, elle a réalisé un capital de CENT DIX MILLE FRANCS destiné à la dotation de ce précieux établissement. Et si quelques personnes n'avaient pas été retenues par l'idée que cette maison n'est pas légalement constituée et reconnue comme asile des vieillards et dépôt de mendicité, il y aurait encore plus de dons et de legs pour sa dotation.

» Pour moi, la regardant comme suffisamment constituée par les lettres patentes de S. M. le roi Stanislas, j'avais d'abord pensé qu'il ne s'agissait que de réparer ses pertes et d'y fonder des lits, comme on pourrait en fonder un nombre plus considérable dans un hospice dejà existant, sans avoir besoin de le faire reconnaître de nouveau. Je me trouvai encore plus confirmé dans cette persuasion par les ordonnances royales du 8 juin et du 15 novembre 1825, du 8 octobre 1826, du 15 et du 27 février 1828, qui déjà ont autorisé tout simplement, comme pour un hospice déjà subsistant, les donations et les legs faits jusqu'ici par testament et par actes entre vifs, à l'établissement des pauvres vieillards. Mais, puisque tous ne partagent pas ma manière de voir, il est essentiel de dissiper tous les doutes, toutes les incertitudes, et de ne laisser à personne la moindre inquiétude sur la stabilité de notre Maison des pauvres.

» Maintenant donc que je suis plus assuré que jamais des charitables dispositions des bons habitants de Lunéville, maintenant que, par une expérience de treize années révolues, je ne doute plus du succès de l'entreprise, et, étant moi-même dans l'intention bien sincère d'y consacrer encore au moins autant que j'ai déjà donné par actes authentiques du 6 mai 1825 et du 19 août dernier, je supplie Votre Excellence d'obtenir de S. M. une ordonnance par laquelle la Maison des pauvres de la ville de Lunéville soit légalement constituée et reconnue tout à la fois, comme hospice des orphelins, comme asile des vieillards, comme atelier de charité et comme dépôt de mendicité pour les mendiants de la ville.

» En adressant cette supplique à Votre Excellence, je ne fais que me rendre aux vœux de M. le Maire, du Conseil municipal, de la Commission des hospices, du bureau de Charité, de toute la ville, et c'est par leurs suffrages unanimes, que j'ai la confiance de la voir favorablement accueillie et couronnée d'un heureux succès[1]. »

Sans doute, les habitants de Lunéville n'ont point perdu le souvenir de l'inauguration de la Maison des vieillards, le 19 décembre 1816; les anciens ont raconté à leurs enfants le spectacle qui les attendrit et les édifia; en leur parlant de la princesse de Hohenlohe et de la comtesse de Salm, premières zélatrices d'une œuvre admirable de charité, ils leur ont dit que ces nobles dames, à l'imitation des pieuses duchesses de Lorraine, avaient servi, de leurs délicates mains, les infirmes et les malheureux, assis à une

---

1. Cette demande ne fut pas alors favorablement accueillie ; mais nous verrons plus loin le zélé pasteur revenir à la charge, et obtenir enfin, le 21 juin 1831, une ordonnance royale déclarant d'utilité publique la Maison des Pauvres de Lunéville.

table élégamment préparée, abondamment chargée ; mais ils n'ont pu leur répéter le chant de la reconnaissance, entonné par le ministre de Dieu qui s'en fit l'instrumentiste, lui qui méritait si bien d'en être le héros. Nous allons donner cette scène d'un acte à la fois grave et joyeux, solennel et sentimental, même en ce qu'il offrit de plus prosaïquement matériel.

Lorsque tous les vieillards eurent pris place dans la salle du festin, lorsque l'assistance se fut rangée, M. l'abbé Renard parla de la sorte en s'adressant à Madame la princesse de Hohenlohe :

« Auguste Princesse,

» Interprète des sentiments de reconnaissance dont sont pénétrés pour Votre Altesse ces pauvres vieillards, je voudrais pouvoir vous les exprimer autant qu'ils les éprouvent. Accablés du poids des ans, succombant sous celui de la misère, leur trop triste existence n'était que comme une lutte continuelle contre le désespoir. A peine pouvaient-ils croire qu'il y eût encore pour eux une Providence. Mais vous paraissez, généreuse princesse, et cette divine Providence reparaît à leurs yeux étonnés autant que ravis : ils la reconnaissent, ils la revoient avec joie toute brillante dans les traits de votre bonté ; et déjà ils se reprochent leurs murmures, ils oublient leurs peines, et se disent avec attendrissement : Pourquoi avons-nous douté? Voilà les beaux jours du bienfaisant Stanislas qui renaissent pour nous ; ils ont fait le bonheur de notre enfance ; ils feront encore l'appui et la consolation de notre vieillesse.

» A la vue de cette vive impression que cause votre présence, avec quelle douce émotion vous devez éprouver la vérité de cette belle maxime d'un célèbre moraliste : *Faites*

des heureux, et vous serez heureux. A ce prix, en effet,
ô Princesse, votre bonheur doit être à son comble

» Voyez comme à votre aspect tout se ranime, tout se
porte vers le bien. Sans vous, nous ne faisions que des
vœux; nous n'osions rien entreprendre. Des magistrats,
animés du meilleur zèle, de généreux habitants pleins de
bonne volonté, de respectables dames impatientes de bonnes œuvres, un vénérable pasteur qui, sous ses cheveux
blancs, brûle toujours du plus beau feu de la charité, tous
également sensibles à la trop pénible situation de la grande
famille des malheureux, gémissaient ensemble de leur
profonde misère; ils n'épargnaient, chacun en particulier,
aucun sacrifice pour la soulager; ils aspiraient sans cesse à
pouvoir prendre une mesure générale qui, embrassant tous
les besoins, remédiât à tous les maux; mais, la crainte d'é-
chouer dans leurs efforts, arrêtait leur ardeur. Avec vous,
bonne Princesse, avec le généreux prince qui partage si
bien vos sentiments, toute hésitation disparaît. Heureux de
s'associer à vos bienfaits, forts de votre haute protection,
tous se livrent, avec le plus tranquille abandon, avec la
plus douce satisfaction, à tout le bon mouvement de leurs
cœurs; ils ne craignent plus que leur dévouement reste
sans effets, ou n'en produise que d'éphémères. Avec un
si puissant appui, ils ne doutent plus d'un succès permanent; ils regardent ce beau jour, ce touchant spectacle
comme l'époque de la restauration complète et à jamais durable de cette maison qui, dans les lettres patentes de
son illustre fondateur, ne porte pas d'autre nom que celui
de Maison des pauvres. Plein de cette pensée si heureuse
pour le moment, si réjouissante pour l'avenir, chacun riva-
lise de zèle et veut avoir part à cette grande œuvre de miséricorde. Eh! quelle âme honnête et sensible pourrait, je

ne dis pas seulement ne pas applaudir, mais n'être pas touchée jusqu'à l'attendrissement de ce zèle plus qu'admirable que montrent et ces dignes magistrats, et les membres du bureau si justement nommé *de bienfaisance*, et ces excellentes dames qui se vouent à l'envi au soulagement de tant de misérables.

» Ah! grâces en soient rendues au Dieu bon, qui, dans ces temps fâcheux, fait éclater sur nous sa paternelle providence par des merveilles si touchantes!

» Mais c'est à vous surtout, pauvres vieillards, objets de notre sensibilité et de la charité de tous qu'il appartient de les faire monter, ces immortelles actions de grâces, jusqu'au trône du Père des humains. Et ce sera bien, en effet, votre plus habituelle, comme votre plus douce occupation dans cette tranquille retraite. Jusqu'ici, enfoncés dans votre misère, trop accablés du poids de vos maux, à peine aviez-vous la force d'élever vos yeux malades vers le Ciel; mais maintenant, libres de toute inquiétude, assurés de votre nécessaire, ce sera vers ce séjour du Tout-Puissant que vous aimerez à tenir sans cesse élevées vos mains suppliantes, pour attirer sur tous vos bienfaiteurs, les bénédictions de sa bonté. Edifiés autant qu'attendris des charitables attentions de ces bonnes Sœurs de Saint-Charles qui se réjouissent de vous prodiguer leurs plus tendres soins, vous ne profiterez pas moins de leurs leçons que de leurs exemples, et, pour leur prouver votre reconnaissance, vous vous efforcerez d'imiter leur piété et leurs vertus. »

Voilà bien le langage d'un homme droit, d'un digne prêtre et non celui d'un vulgaire adulateur. La principale bienfaitrice reçoit des hommages spéciaux; c'était justice et politesse; mais nul n'est oublié, et l'idée de la divine Providence, agissant sans cesse pour le bonheur des hommes, se trouve comme le thème harmonieux de toute la pièce qui se termine par une pieuse invitation à ne cesser de la bénir.

Administrateur aussi exact qu'intelligent, M. Renard n'attendit pas qu'une circonstance extraordinaire vînt réclamer la mise au jour du résultat de ses charitables opérations pendant les temps de la détresse générale. Dès le 1er mars 1818, il publia, dans la chaire paroissiale, puis fit imprimer et distribuer le compte-rendu par lui en sa qualité de « receveur du bureau de bienfaisance, de tout le » bien opéré, en 1817, par la charité des honnêtes habi-» tants de Lunéville[1]. » Il avait, du reste, un but ultérieur : celui de la concentration des aumônes pour arriver à l'extinction totale ou, tout au moins, à une restriction considérable de la mendicité. De plus, et sans y songer, il enseignait aux personnes qui, pour des entreprises religieuses ou charitables ont recours à la générosité publique, à couvrir la responsabilité qu'elles assument, par une comptabilité minutieuse, par des registres et des chiffres qu'à tout venant elles puissent présenter.

Après avoir additionné les sommes dont le total a été signalé dans le mémoire transcrit ci-dessus ; après avoir appris à un auditoire émerveillé que, depuis le mois de décembre 1816 jusqu'au 1er janvier 1848, la nourriture des vieillards ayant été assurée pour tout ce temps[2], on avait distribué dans la ville plus de cent resaux de blé, trente resaux de pommes de terre, tant pour l'alimentation que pour ensemencer, cinquante mille rations de soupe et 1,889

1. Brochure in-8º de 16 pages.

2. La provision réservée pour ces vieillards s'est évaluée par 140 resaux de blé. (Voir la brochure ci-dessus indiquée.)

francs d'argent, il en vint à indiquer son projet et à le soumettre à l'adoption ou au rejet de l'assemblée qui l'écoutait. Ecoutons-le nous-mêmes et apprenons de lui comment il l'avait conçu, comment il entendait lui préparer pleine réussite :

» Si la Société des Dames, n'ayant aucune autorité, ne peut pas promettre de faire disparaître entièrement ce triste spectacle de la mendicité, bien certainement, au moins, quoique uniquement par les doux moyens, par l'ingénieuse activité de la charité chrétienne, sans force et sans violence, elle en diminuera infailliblement et beaucoup l'inconvénient et l'importunité, d'abord en conservant à l'asile les septante vieillards des deux sexes qui y sont encore et qui, s'ils en sortaient, seraient autant de mendiants de plus sur le pavé; puis, successivement, en plaçant dans cette maison des pauvres, ceux qu'on remarquera être les plus importuns aux portes; et si, comme on peut l'espérer, les circonstances vont toujours en s'améliorant, si la charité des honnêtes habitants ne se ralentit pas, il n'y a pas de doute, qu'avec le temps et leur infatigable zèle, le Ciel bénissant leurs efforts, ces dames délivreront notre cité de ce fléau, la honte de l'humanité, la source de tous les vices les plus crapuleux.

» Vous-mêmes, vous tous chrétiens, vous pourrez contribuer à atteindre ce but si désirable, non seulement en versant votre souscription dans le trésor commun des pauvres; mais, si vous l'aimez mieux, et si quelqu'un des vieillards que nous voyons encore se traîner tristement de porte en porte, vous intéressait par quelque raison que ce soit, vous êtes maîtres de les placer vous-mêmes à l'asile, moyennant huit sous ou quarante centimes par jour. En acquittant par là votre part de la charité publique, vous aurez entièrement la satisfaction de l'appliquer à votre gré; peut-être même pourriez-vous aussi de la sorte acquitter ce que l'on doit quelque fois, ou à de vieux domestiques, ou à d'anciens ouvriers. Et si cette aumône était au-dessus de vos moyens; si, en général, la même personne ne pouvait pas se charger seule de l'entretien d'un de ces pauvres à l'asile; plusieurs, animées du même esprit de charité, prenant le même intérêt à un vieillard, de leur rue ou de leur quartier, ne pourraient-elles pas se réunir et l'y placer ensemble?

» Pour nous, chrétiens, animés du meilleur désir de contribuer, de tous nos moyens, au succès de cette charité en commun, *la seule connue dans les premiers siècles de l'Eglise, la seule pratiquée par nos pères dans la foi* et, partageant de tout notre cœur le charitable dévouement de la Société des dames, nous voudrions pouvoir vous le faire partager avec nous. Tous les motifs nous y engagent, l'humanité, la religion, l'acquit de la conscience, le repos public, votre propre tranquillité, votre intérêt personnel, la moralité de la classe indigente, le salut même de vos frères malheureux.

» Mais, n'y eût-il que le plan adopté, par la Société des Dames de charité, et leur zèle si connu, ne serait-ce pas assez pour fixer votre confiance et pour vous déterminer à mettre ainsi vos aumônes en commun. Ce plan, je le répète, est d'abord d'admettre à l'asile le plus grand nombre que l'on pourra de ces vieillards infirmes, isolés, sans ressources, sans famille, que la société, d'une manière ou de l'autre, est toujours obligée de sustenter et d'entretenir entièrement. C'est, en second lieu, autant que la réunion des aumônes en fournira les moyens, de secourir les pauvres honteux et certaines familles malheureuses que, chacune dans sa section, ces dames connaissent très-bien.

» Or, pourriez-vous désirer, ou même imaginer une manière plus sage, plus avantageuse, plus chrétienne de placer vos charités. Mais, me direz-vous, il y aura encore des mendiants. Peut-être, en effet, quelques-uns de ces pauvres qui, ayant une épouse, un époux, une famille, ne peuvent convenablement en être séparés, continueront-ils à mendier ; mais ils seront en bien petit nombre, et encore ce nombre ira-t-il toujours en diminuant. D'ailleurs, comme la mendicité est une charge publique, comme les autres charges de la société, que chacun doit supporter, en proportion de ses moyens, et comme il y aura toujours assez de ces esprits qui, par une bizarrerie qu'on ne peut pas plus expliquer que redresser, n'entrent jamais dans les idées des autres, même les plus justes, et qui, probablement, ne souscriront pas plus cette année que l'an passé ; ce petit nombre de mendiants, resté dans la ville, ne sera pour eux qu'une bien petite partie de la charge qu'ils devraient partager avec nous. Ainsi, cela ne doit pas vous empêcher, vous qui avez l'esprit plus juste et le cœur plus droit, un désir réel de faire le bien et de le bien faire ; non, cela ne doit pas vous empêcher de verser en totalité, dans la caisse commune, toutes les aumônes que vous pouvez et devez faire, parce que vous n'en aurez que mieux acquitté votre conscience, étant plus sûr de la juste et sage application qui en sera faite.

» Ne parvînt-on qu'à soutenir l'asile des vieillards, votre aumône ne serait-elle pas encore le mieux appliquée. Ces vieillards, accablés sous le triple poids des ans, des infirmités, des peines, incapables de travail, sans famille et sans ressource, sont bien certainement, comme je l'ai dit, les premiers créanciers de la charité publique. D'une manière ou de l'autre, il faut soutenir les restes de leur triste existence. S'ils venaient à périr de faim ou de misère, nous serions responsables de leur mort, et nous en serions punis par le Père des pauvres, qui sera aussi le juge de tous les humains.

» Mais puisque absolument nous leur devons la subsistance, lequel vaut mieux, ou de les nourrir en commun, ou de les entretenir chacun séparément? Ah! sans doute, il n'y a pas à balancer dans ce choix : chacun sent très-bien, comme l'a senti le bureau, que le moyen tout à la fois, et le plus économique , le plus moral et le plus favorable aux honnêtes habitants, c'est de les tenir réunis dans un même local et sous un même régime. Si, au lieu de recueillir à l'asile quelques-uns de ces vieillards qui nous font encore peine à voir dans les rues et aux portes, on renvoie les septante qui y sont jusqu'à présent, c'est autant de mendiants de plus sur le pavé. Eh! quel triste spectacle! N'en seriez-vous pas vous-mêmes comme épouvantés? Et n'y aurait-il pas de graves inconvénients à répandre dans la ville un si grand nombre de mendiants à la fois? N'y aurait-il pas même de danger? N'aurait-on pas à craindre que l'excès de dénuement n'en portât quelques-uns à des actes de désespoir, que nous aurions à nous reprocher.

» Ah! je n'en doute pas, d'après ce qu'on m'a dit; lorsqu'à la fin des souscriptions de 1817, on a fait entendre aux vieillards de l'asile que peut-être bientôt ils seraient obligés d'en sortir. Eh bien, s'écrièrent-ils avec douleur, dans un langage à leur manière, mais plus expressif : Si les restes de notre existence sont si fort à charge, au lieu de nous replonger dans l'affreuse misère où nous avons été trop longtemps, qu'en sortant d'ici, on nous conduise tout de suite au lieu des exécutïons, et, pour n'avoir plus à nous donner du pain, qu'on nous y donne la mort comme aux malfaiteurs qui, par leurs crimes, ont mérité d'être retranchés de la société des hommes.

» Non, pauvres malheureux vieillards ; ce n'est point ainsi que vous serez traités ; il est encore des âmes compatissantes qui iront à votre secours ; toute cette belle assemblée, réunie par le charitable intérêt qu'on vous porte, me répond de votre sort. Ranimez donc votre confiance et redoublez vos prières.

» Me suis-je trop avancé, chrétiens? Ai-je dépassé vos intentions? Ou, suis-je assez heureux pour n'avoir fait qu'exprimer à ces vieillards, inquiets de leur avenir, les favorables dispositions, les sentiments charitables que vous éprouvez pour eux? Prononcez; leur sort est entre vos mains; ils attendent, avec une anxiété mêlée de crainte et d'espoir, que vous décidiez de leur destinée. Direz-vous? Qu'ils sortent de cet asile que nous leur avions ouvert! Qu'ils aillent végéter et mourir où ils pourront! Le poids de leur vieillesse nous est trop à charge; le temps nous en paraît trop long!

» Ah! le Ciel nous préserve d'une si cruelle résolution : je craindrais qu'elle n'attirât sur vous et sur vos familles une malédiction qui, tôt ou tard, vous plongerait à votre tour, vous ou vos enfants, dans un état pire, peut-être, que celui dont vous auriez eu la dureté et le malheur de n'être point touchés.

» Mais non, vos cœurs généreux et sensibles ne sont point faits pour donner cette réponse de mort. Vous applaudissez bien plutôt aux paroles de consolation et d'espérance que, de votre part, je viens d'adresser à ces intéressants vieillards, et vous le voulez, sans doute; oui, vous le voulez avec nous : vous voulez que, tranquilles dans la retraite, où votre charité les a recueillis, ils puissent y terminer en paix des jours qui n'ont été déjà que trop consumés dans la peine; le Ciel en soit béni !

Cette éloquente interpellation n'est qu'une imitation, qu'une reproduction modifiée de la célèbre péroraison de Saint Vincent-de-Paul, dans l'église Saint-Lazare de Paris, péroraison citée comme modèle du genre, dans toutes les rhétoriques, et par laquelle l'homme de Dieu fit, au moment même, fonder et doter de quarante mille livres de rentes l'hôpital des enfants trouvés de Paris; mais cette imitation est-elle bien inférieure au modèle, en à-propos, en adresse, en pathétique? Le cœur du protecteur de l'enfance abandonnée n'avait-il pas passé tout entier dans les entrailles du protecteur de la vieillesse sans secours, et la charité de celui-ci était-elle moins ardente, moins céleste que la charité de celui-là? Les développements subséquents et la situation actuelle de la *Maison des pauvres* répondent suffisamment à cette double question.

Mais l'orateur ne veut pas laisser un instant son auditoire avec la pensée qu'il ne s'agit que de retarder, pour quatre-vingts vieillards, le moment d'une mort qui ne pourrait toujours que bientôt sonner. Ce n'est pas une simple aumône qu'il réclame pour eux; c'est la charité tout entière : celle qui, en conservant la vie du corps, ressuscite celle de l'âme et la lui assure heureuse pour l'éternité.

» Vous le savez, ajoute alors l'éloquent avocat des pauvres, selon les oracles de l'Evangile de Jésus-Christ, non seulement nous devons, en conscience et sous peine de n'être jamais admis au bonheur de voir Dieu, faire l'aumône et la faire en proportion de nos moyens; mais aussi et surtout, nous devons la bien faire, la faire dans les vues de la foi, cherchant toujours, autant qu'on le peut, à la rendre encore plus profitable au salut qu'à l'existence de celui qu'on assiste.

» Or, si tel est le principe que la foi consacre; n'exercer la charité que tout humainement, qu'en vue de la vie présente, c'est ne la faire qu'à demi, c'est ne la faire qu'en payen et non point en chrétien : c'est payer son tribut à l'humanité et non point à la religion. Aussi, j'en suis sûr, pour vous, chrétiens, qui voulez tirer profit de vos bonnes œuvres, ce n'est pas là votre intention. Aussi, par ce seul motif, combien ne doit-il pas être préférable! Combien ne vous sera-t-il pas plus satisfaisant et plus tranquillisant de verser toute votre aumône dans le trésor commun des pauvres, comme faisaient les premiers chrétiens! Puisque, sans avoir à vous en inquiéter davantage, vous aurez la certitude qu'elle sera appliquée comme elle doit l'être, et que vous aurez rempli toutes les conditions de la charité chrétienne.

» Il n'en est pas ainsi de l'aumône que vous donnez à votre porte : au lieu de servir au salut de celui qui la reçoit, ne s'en sert-il pas souvent pour se livrer davantage à ses goûts crapuleux? Je suis fâché d'avoir à le dire; mais vous le savez comme moi : à quelques exceptions près, en général, le pauvre, qui parcourt les rues et assiége les portes, ne vit guère autrement que la brute, qui s'en va partout cherchant sa nourriture sans s'occuper d'autre chose; ne sentant que les besoins du corps, il oublie ceux de l'âme; il oublie même qu'il en a une et qu'il faut la sauver. Enfoncé dans sa misère, il semble n'avoir plus la force de s'élever vers Dieu et de penser à l'éternité. Retenu par la saleté de ses habits, il croit ne pouvoir paraître ni à l'église, ni à la sainte Table. S'il vient s'agenouiller au portail, ce n'est pas tant pour demander l'assistance du Seigneur, que l'aumône de ceux qui entrent et qui sortent.

» Ainsi vivaient, ainsi avaient vécu tous ceux que votre charité a retirés de ce triste métier. Mais, depuis qu'ils ont été recueillis dans cette maison, qui porte leur nom, et qui n'est pas moins une maison de religion et de salut qu'un asile de charité, continuellement édifiés et excités par les dignes sœurs de Saint-Charles, journellement visités et exhortés par leur pasteur, ils ne sont plus les mêmes hommes; ils ont repris de tous autres sentiments. Auparavant, presque tous ne pensaient qu'aux besoins du corps, et ils ne pensent plus qu'à ceux de l'âme; ils ne faisaient que ramper tristement sur la terre, et ils ne portent plus leurs regards que vers le Ciel; ils ne savaient que marmotter d'insignifiantes prières pour obtenir votre aumône, maintenant ils ne prient plus que par ferveur, pour vous obtenir la bénédiction d'en haut. Débarrassés des inquiétudes de la vie présente, ils ne travaillent plus que pour la vie future, en se préparant à une sainte mort. Aussi, pour chacun d'entre ceux que Dieu appelle successivement à lui, vous, chrétiens, vous, leurs bienfaiteurs, vous pouvez vous dire, non pas seulement je l'ai nourri jusqu'à la fin; mais, je l'ai nourri et je l'ai sauvé. Voilà ce qui doit faire votre plus douce satisfaction; voilà ce qui rend votre aumône véritablement chrétienne et méritoire; voilà ce qui doit vous faire tout attendre, pour vous-mêmes, de la miséricorde divine, du père des pauvres, du Dieu qui est tout charité. »

A la parole, M. Renard joignit l'exemple. L'aumône spirituelle! Il la fit avec prodigalité! Mais non, n'exagérons pas. Le bon pasteur donne sa vie pour ses brebis[1]; il est

1. *Bonus pastor animam suam dat pro ovibus suis.* Joan. c. X. v. 11.

la lumière du monde ét le sel de la terre[1] ; il doit annoncer sur les toits ce que l'Esprit lui a fait entendre à l'oreille[2]. M. Renard ne fit que s'acquitter de sa charge, soit comme vicaire d'un vieillard plein de zèle et de vertus, soit comme titulaire d'une paroisse populeuse et réclamant des soins multipliés ; mais il s'en acquitta en pasteur qui se sacrifie volontiers pour le salut des âmes[3]. L'aumône temporelle! Chacun la fait selon ses ressources. Il est vrai qu'un bon père se prive du nécessaire pour donner l'aisance à ses enfants. Mais, fut-il bon père, celui qui, dans un acte authentique et solennel, déclare qu'il est résolu de consacrer à l'asile ouvert à la vieillesse tout ce dont la Providence le laissera maître de disposer pendant sa vie et après sa mort[4], et qui débute par assurer à cette Maison des pauvres une rente annuelle de 1,473 francs? Amassons, derrière lui, l'argent qu'il sème pour la fécondation de son œuvre.

Le 21 décembre de la même année 1825, « toujours animé des sentiments exprimés dans l'acte de donation du 6 mai, et pour les clauses et conditions énoncées au même acte, » il fait don d'une somme de 56,000 francs, devant produire annuellement une rente de 1,800 francs[5].

1. *Vos esti* lux *mundi, sal terræ*. Math. c. V. v. 15.

2. *Quod aure auditis, prædicate super tecta.* Math. c. X. v. 7.

3. *Superimpendar ipse pro animabus vestris.* II[a] Ep. ad Corinth. c. XII. v. 15.

4. Première fondation, faite par-devant Charles Ferry, notaire, le 6 mai 1825.

5. Les 56,000 francs dont il est ici question durent être employés à l'acquisition, dans le but d'augmenter les bâtiments de l'hôpital Saint-Jacques, de la maison conventuelle des sœurs de Sainte Elisabeth, autrefois fondée par la duchesse de Lorraine, Philippe de Gheldres. Cet hospice était devenu insuffisant en raison de l'établissement d'un camp de manœuvre de cavalerie à Lunéville. M. Renard contribua donc, au moins indirectement, à la conservation d'une maison de charité fondée

Le 19 août 1829, il fait un nouveau don de 1,030 francs de rente, en disant : « Toujours plus pénétré des motifs qui, depuis treize ans, me font travailler de toutes mes forces et par tous mes moyens à créer, entretenir et doter l'asile des pauvres vieillards; toujours plus convaincu que cette bonne œuvre est la meilleure qu'on puisse faire dans cette ville (Lunéville); toujours plus déterminé à y consacrer tout ce dont la Providence me laissera maître de disposer pendant ma vie et après ma mort. »

Et sa prévoyance, lui ouvrant le livre de l'avenir, il fait ajouter à l'acte de cette donation : « En cas de maladie, et comme il en a toujours été convenu avec la commission des hospices, les vieillards continueront à être reçus et traités à l'hôpital, parce qu'en leur procurant une existence pour les empêcher de mendier, je ne prétends pas leur ôter le droit que, comme pauvres de la ville, ils ont à ses secours, lorsqu'ils sont malades, et aussi parce que je regarde comme impossible de transformer en un second hôpital une maison qui doit bien plutôt devenir un atelier de charité. »

Le 8 décembre 1831, « la Maison des pauvres vieillards étant enfin légalement constituée par une ordonnance royale, » le généreux restaurateur « éprouve un plaisir tout nouveau et se sent animé de plus de courage que jamais pour travailler à l'entretenir et à la doter; en attendant qu'il puisse réaliser d'autres capitaux, comme il en a l'intention et l'espoir, si Dieu lui prête vie, » il lui donne dès

par une princesse vénérable, et à l'amélioration du sort des soldats infirmes ou malades de la garnison. Toutefois, il n'abandonna pas le fond du prêt; il stipula que les 1,800 francs d'intérêt qu'il devait produire lui seraient annuellement servis, sa vie durant, et, après sa mort, à l'œuvre privilégiée des vieillards.

à présent 1,425 francs de rente, se composant de 663 francs provenant des largesses d'un grand nombre de bienfaiteurs et de 762 francs de ses propres deniers.

Le 7 avril 1835, il déclare que, n'ayant « pas eu l'intention seulement de procurer, aux vieillards infirmes et malheureux, les secours temporels que réclament leurs misères et leurs infirmités, mais surtout de les voir jouir, dans leur paisible retraite, de tous les secours spirituels dont ils ont besoin pour passer chrétiennement le reste de leur vie et se préparer, par l'accomplissement de tous les devoirs de la religion, à faire heureusement le grand voyage de l'éternité ; ne voulant pas qu'après sa mort, ces intéressants vieillards soient jamais privés des secours spirituels, les plus nécessaires de tous, » il donne une rente annuelle de 600 francs pour le traitement d'un aumônier.

Plus tard, il reconnut l'insuffisance de cette somme, pour le service auquel il la destinait et se promettait de l'augmenter ; la mort ne lui en a pas laissé le temps.

Le 25 février 1836, il fit une nouvelle donation de 1,302 francs de rente, dont 402 francs provenant de la générosité des bienfaiteurs et 900 francs de ses propres deniers.

Le 9 décembre 1837, encore un don de 503 francs de rente, à savoir : 203 francs de bienfaiteurs et 300 francs de sa bourse. Le 17 octobre 1842 : 402 francs de rente provenant de bienfaiteurs, et 1,700 francs de son propre fonds, en tout : 2,102 francs. Le 2 novembre 1844, toujours de rente, 1,059 francs, dont 459 de différents bienfaiteurs et 600 francs de ses épargnes. Le 5 novembre 1847, il ajoutait à une rente de 550 francs, provenant de legs de personnes charitables, celle de 641 francs de ses deniers et formait ainsi un nouveau total de 1,161 francs de rente annuelle.

C'est en acceptant cette donation, que la Commission des hospices crut devoir signaler au Gouvernement les nombreux bienfaits de M. l'abbé Renard, et solliciter pour lui la décoration de la Légion-d'Honneur, comme le seul témoignage de la reconnaissance publique qui lui puisse être offert dignement.

Dans-l'acte de la onzième fondation, en date du 6 juin 1850, le protecteur des vieillards s'exprime ainsi : « Mes années s'écoulant avec une rapidité qui me fait penser au terme de mon existence, il me tarde de voir suffisamment doté le précieux établissement auquel je travaille depuis trente-quatre ans, et qui, dans cette ville, est destiné au soulagement de la vieillesse infirme et malheureuse; c'est pourquoi je me hâte d'y consacrer et de lui assurer tout ce que la divine Providence a la bonté de mettre à ma disposition; » et il fait don d'une somme de 3,095 francs de rente, dont seulement 691, provenant de différents bienfaiteurs; ce qui lui laisse pour sa part 2,404 francs.

Ainsi, M. Renard a doté la Maison des pauvres de plus de douze mille francs de rente de ses propres deniers, et de près de trois mille cinq cents francs provenant de la générosité de divers bienfaiteurs, c'est-à-dire, d'un capital de près de trois cent cinquante mille francs. A cette somme prodigieuse, il convient d'ajouter encore les capitaux que plusieurs personnes charitables lui ont remis depuis sa dernière fondation, puis, ce qu'il a dépensé pour la construction de la chapelle[1] et des deux corps de bâtiments qu'il a fait élever de chaque côté. Or, la chapelle lui a coûté vingt-cinq

1. En 1850.

mille francs. Le bâtiment destiné aux hommes et disposé pour cent lits, lequel fut construit en 1854; celui pour les femmes, avec un pareil nombre de lits, et que l'on terminait quand M. Renard a succombé, reviennent, chacun, à quatre-vingt mille francs. On a donc à porter à près de QUATRE CENT TRENTE MILLE FRANCS la somme consacrée par le digne Curé de Lunéville à l'établissement et à la dotation de sa Maison des vieillards.

» J'ai peine à y croire moi-même, disait à l'un de ses neveux le vénérable pasteur, quelque temps avant sa mort; j'ai peine à y croire moi-même, mais c'est la vérité. » Et cependant il n'entendait pas qu'on lui attribuât une part plus large que celle qui, arithmétiquement, lui revient de cette magnifique fondation. C'est ainsi qu'il trouva inexacte, en ce qui regarde l'emploi de son patrimoine, l'inscription placée dans le réfectoire de l'asile et demanda qu'elle fût modifiée. « J'ai largement concouru à cette fondation, a-t-il dit, non » pas de mon patrimoine, dont je ne devais pas priver ma » famille, mais de mes propres deniers, c'est-à-dire, de mes » épargnes personnelles, cumulées et bien administrées. »

En saluant avec admiration un établissement, colossal d'entreprise, surprenant de croissance; en déposant sur la tombe de celui qui, humblement, repose aujourd'hui dans une place retirée de la chapelle, centre vital de l'hospice, une modeste couronne, nous entendons bien ne rien diminuer de la part d'éloges qui revient aux bons et charitables habitants de Lunéville pour le concours empressé qu'ils ont apporté à l'œuvre de prédilection de leur vénéré pasteur. Nous voulons au contraire l'augmenter autant qu'il est en nous, en signalant, aux applaudissements du pays et à l'imitation des enfants de la paroisse, le zèle éclairé, la charité généreuse, la docilité filiale et les sympathies affectueuses avec lesquels d'honorables chefs de famille ont compris une pensée sublime et contribué à la réaliser. Oui certes, nous répéterons ici, pour les leur adresser en notre nom les paroles que fit autrefois entendre, à ses chers paroissiens, le digne prêtre à qui cette notice est consacrée : « Honneur à la ville de Lunéville!... Si on y voit, comme » ailleurs, la commisération purement humaine se lasser, » s'éteindre et retirer ses dons aux malheureux qui l'avaient » excitée; on y voit aussi, plus que dans d'autres villes, la » vraie charité se montrer, toujours toute vivante, dans la » partie la plus honorable de ses habitants[1] ». Gloire, honneur, actions de grâces aux dignes habitants de la ville de » Stanislas! héritiers de l'esprit de charité de ce Roi bienfaisant, ce n'est jamais en vain qu'on leur fait entendre » le cri du pauvre[2]! »

<hr />

1. Compte de recette et de dépense faites pour les pauvres, par la Société des Dames de charité pendant l'année 1822.

2. *Idem*, année 1846.

SOURCES

Où puisa M. l'abbé Renard pour l'exécution de ses bonnes œuvres.

On a dit que M. Renard avait consacré, au service des pauvres, le modeste patrimoine qu'il reçut de ses parents. Cette assertion est inexacte et, déjà, on a pu le constater par ce que nous avons dit. Il se serait fait scrupule de frustrer sa famille de biens sur lesquels, par voie de succession, elle avait de légitimes droits.

Lorsqu'après la mort de sa respectable mère, laquelle survécut longtemps à son mari, l'héritage patrimonial dut être partagé, M. le Curé de Lunéville abandonna sa portion à ses frères et sœurs, en leur disant : « Je ne dois » pas ôter à la famille ce qui appartient à la famille ; mais » vous n'aurez pas à compter sur ma succession. Tout le » produit de mes épargnes et tout ce que la Providence » mettra dans mes mains doit aller aux pauvres. » Il est de toute justice d'ajouter qu'il n'est pas un seul membre de sa famille qui n'ait applaudi à cette pastorale détermination.

Ce sont les largesses des personnes charitables de Lunéville, la sage économie, l'industrie financière, mais surtout *l'administration apostolique* de ses revenus, qui ont procuré à l'intelligent pasteur les sommes, pour ainsi dire fabuleuses, qu'il a dépensées pour la décoration des autels et le soulagement du prochain.

1° La charité publique : Elle ne resta jamais sourde à la voix suppliante et paternelle qui la sollicita si éloquemment

en faveur d'infirmes, d'orphelins, de vieillards, de malheureux. Elle remit entre les mains du *Père des pauvres* des
sommes importantes et, l'un des souvenirs qui aient le plus
consolé M. le Curé, dans les derniers temps de sa vie, a
été celui de l'écho qu'il avait rencontré dans les cœurs de
ses bons paroissiens, lorsqu'il les entretenait de bonnes
œuvres à fonder, à soutenir, à développer.

Mais, s'il rencontra tant et de si vives sympathies, n'en
peut-on pas encore attribuer un peu la cause à la noble
délicatesse de ses procédés? Jamais, en effet, il ne fit appel
à la générosité des habitants de Lunéville que du haut de
la chaire ou par la voie de l'impression. Il s'était fait loi de
ne jamais interpéller individuellement qui ce pût être,
afin de laisser à chacun pleine liberté de donner ou de
s'abstenir. Il honorait ainsi, son ministère et sa personne, en
même temps qu'il disposait plus efficacement les esprits à
écouter ses paroles et les cœurs à se laisser attendrir.

2° Ses économies : Il ne faisait, pour lui-même, que les
dépenses rigoureusement indispensables. Il avait une soutane propre, pour paraître avec décence en public et dans
les assemblées où l'appelaient les convenances ou son devoir; mais, dans l'intérieur de sa chambre, ou bien, pour
aller seulement du presbytère à l'Eglise, il ne portait que
des vêtements qu'il usait jusqu'à la corde, et ne se décidait
à les remplacer qu'à la dernière extrémité. On voulut plusieurs fois lui faire renouveler, par un neuf, un manteau
qu'il n'était plus possible de raccommoder : « Non, non,
» répétait-il, il passera bien encore cette année; j'ai des
» engagements à remplir, je ne saurais négliger mes pau-
» vres. » Il racontait, dans les derniers temps, sur le ton
de la plaisanterie, à l'un de ses neveux, qu'en plusieurs années, il n'avait pas dépensé plus de cinq francs pour sa

toilette et, qu'ordinairement, cet objet ne lui en coûtait pas cinquante par an.

Néanmoins, sa maison était toujours convenablement pourvue ; car il apportait, dans l'administration de ses propres affaires, cet esprit de prévoyance qui le dirigeait dans celles de la paroisse ; calculant tout, n'agissant jamais au hasard, et se ménageant toujours quelque ressource pour l'occasion. Il recevait avec plaisir et politesse les personnes qui le venaient visiter, se montrant aussi généreux à leur égard qu'il était parcimonieux pour lui.

Il traitait aussi avec dignité et noble. désintéressement les ouvriers qu'il employait, dans le double but de les rendre contents et de faire honorer son caractère et sa position. Lors de la construction de la chapelle de sa Maison des pauvres, l'entrepreneur prouva que, pour diverses raisons, il avait dépensé cinq cents francs au-delà de la somme portée au devis.» Vous êtes payé et, en droit, je n'ai rien à vous remettre, lui dit le généreux pasteur ; mais, vous avez parfaitement rempli vos obligations, je n'entends pas que vous vous retiriez mécontent. Vous réclamez cinq cents francs : en voilà six cents, et restons bons amis. »

Ayant su que le facteur à qui la réparation de l'orgue avait été confiée, ne gagnait qu'un franc par jour, après ses frais payés : « Eh, quoi, dit M. Renard, mais un manœuvre gagne davantage ! il serait déshonorant pour la paroisse et pour moi, qu'un artiste habile et consciencieux, ne fût pas autrement dédommagé ! Et il assura au facteur, pénétré de reconnaissance, un bénéfice d'environ quinze cents francs.

5° Son industrie financière : Tout le monde s'accorde à dire que personne, mieux que M. Renard, ne sut faire fructifier les deniers dont la divine Providence le fit dépositaire. « Si je fusse resté dans le monde, disait-il quelque fois, j'aurais fait des affaires magnifiques. » Peut-être ! oserons-nous répliquer. Sans doute, M. le Curé de Lunéville fut excellent pourvoyeur et calculateur. Mais, qui lui avait donné ces qualités, et dans quel but ? Homme du monde, dominé par les pensées de la terre, agissant en vue de son intérêt privé ou dans celui de quelques parents, Dieu lui eût-il donné l'intelligence des affaires au point où il la posséda ? Dieu eût-il, de sa bénédiction toute puissante, fécondé ses opérations et justifié ses calculs comme ils l'ont été ? C'est surtout parce que le financier fit la banque pour ceux qui avaient faim, qui avaient soif, qui avaient froid, que Celui qui donne l'accroissement à toutes choses, renouvela, par le ministère du bon prêtre, le miracle de la multiplication des pains.

Du reste, voici comment il procédait en ses opérations, spécialement en ce qui concerne l'œuvre des pauvres vieillards :

De règle, il employait aux dépenses courantes, c'est-à-dire, à la pension de ses protégés, le produit des quêtes annuelles faites par les Dames de charité, les dons qu'elles recevaient pendant l'année et la rente des capitaux provenant des bienfaiteurs de l'entreprise. S'il y avait un reliquat suffisant en caisse, soudain la porte de l'asile s'ouvrait à quelque pauvre nouveau. Il ne fut presque jamais question de *déficit* que d'une manière exceptionnelle, car, sa prévoyante économie lui faisait calculer la dépense d'après les ressources et de manière à ne jamais engager l'avenir. Son offrande annuelle, pour les frais quotidiens, était de cinq cents francs, plus les dix-huit cents francs de rente dont il est parlé dans l'acte de donation du 21 décembre 1825. Des rentes que produisaient les capitaux par lui fournis, il se réservait l'usufruit pour l'employer à l'achat de nouvelles rentes, et c'est là ce qu'il appelait faire sa boule de neige.

4° SON ADMINISTRATION ÉVANGÉLIQUE ET CONFORME A CELLE DES APOTRES : M. Renard voulut, de toutes les facultés de son âme, que le bien s'opérât en sa paroisse. Mais il fut loin de le vouloir à la façon de certains moralistes qui croient faire preuve de tact parfait et d'admirable abnégation en répétant, avec une emphase qui serait édifiante si elle n'était ridicule : Eh ! laissez donc agir, pourvu que le bien se fasse ! Il le voulut : selon l'Esprit qui inspirait à Saint Paul cette formule : Que tout se fasse avec décence et selon l'ordre[1] ; sachant parfaitement que le bien, qui ne s'exécute pas ainsi, cesse d'être bien et souvent devient mal d'autant plus dangereux qu'il s'aperçoit moins d'abord, qu'il agit sourdement, sous de spécieuses apparences de perfection, et qu'il ne se fait sentir que lorsqu'il a causé des ravages qu'il n'est plus possible de réparer.

Le pieux Curé de Lunéville adopta conséquemment, pour faire son œuvre par excellence, *la manière seule connue dans les premiers siècles de l'Eglise, la seule pratiquée par nos pères dans la foi,* comme étant la plus conforme aux prescriptions de l'Apôtre. Il n'ignorait pas quelle position délicate la politique et les passions humaines avaient faite au prêtre catholique ; il savait aussi contre quelles difficultés il aurait à lutter : il interrogea donc le Livre par excellence, et voici les réponses qu'il en reçut :

Fils de l'homme, dit l'Esprit à Ezéchiel, va trouver la maison d'Israël et lui annoncer mes paroles..... La Maison

---

1. *Omnia autem honestè et secundùm ordinem fiant.* I^a Ep. ad. Corinth. Cap. XIV, v. 4.

d'Israël ne veut point t'écouter, parce qu'elle ne veut pas m'entendre, car, toute cette maison d'Israël a un front d'airain et un cœur endurci ; mais j'ai rendu ta face plus ferme que sa face et ton front plus dur que son front. Je t'ai donné un front de diamant et de pierre ; ne les crains pas, va, parle-leur et leur dis : Voici ce que dit le Seigneur Dieu, et tu verras s'ils t'écouteront[1].

Allez, enseignez toutes les nations, dit plus tard Jésus-Christ à ses Apôtres ; allez, évangélisez les pauvres ; je vous envoie comme des brebis au milieu des loups ; vous serez objets de haine à tous, à cause de mon nom, car le disciple n'est pas au dessus du maître[2] ; allez, néanmoins, soyez le sel de la terre ; soyez la lumière du monde ; souvenez-vous que la lumière ne doit pas rester sous le boisseau, mais briller sur le chandelier, pour éclairer tous ceux qui sont dans la maison[3] ; seulement, soyez prudents comme des serpents et simples comme des colombes.

Arrêtons-nous un instant. A quels hommes avaient à parler le prophète, puis les Apôtres ? Cependant, l'Esprit qui ordonne au premier, le Sauveur qui envoie les seconds, leur conseille-t-il de se faire annoncer et préparer la voie ? Aussi est-on surpris autant qu'affligé en lisant, dans une composition sur la charité, ces paroles d'un publiciste moderne : « Comment le prêtre défiguré *par les impies* abordera-t-il le pauvre ?...... Ignorez-vous combien de fois il nous a fermé la porte au visage[4] ?... Donc, ici il nous

1. Ezéch. Ch. 111, v. 4, 7, 11.
2. Matth. c. X, v. 16-22.
3. *Ibid.* c. V, v. 15-16.
4. Oui, nous ignorons « combien de fois le pauvre a fermé la porte au visage » du malheureux visiteur : quoique nous admettions, sans hésiter, certains faits de la brutalité en guenilles contre la charité en soutane,

» fallait un *auxiliaire*, un *précurseur*, une *avant-garde*
» dans l'apostolat de la charité[1]. » Jamais, assurément,
mauvaises brochures, mauvais discours, mauvaises pièces
de théâtre, mauvaises actions, toutes sortes de mauvais
procédés[2], n'ont *défiguré* le prêtre et sa mission sublime,
autant que cette conséquence aussi nouvelle en morale
qu'elle est inexacte et irréfléchie.

Ceux d'entre les premiers Chrétiens, possédant des

faits rares, isolés, que la logique défend de faire servir de base à une accusation générale. Mais, nous aussi, depuis vingt-cinq ans, nous avons visité et nous visitons les pauvres. Nous l'avons fait dans des moments fort critiques, de 1850 à 1854, par exemple ; alors que la classe inférieure, excitée par les agitateurs de l'époque, se montrait plus antipathique aux prêtres et à la Religion ; alors que, particulièrement à Nancy où nous exercions le saint ministère, régnait une sorte de surexcitation fébrile qui avait amené le désastre du séminaire et des émeutes de plus d'un genre. Cependant, nous pouvons affirmer que jamais un seul pauvre ne nous a fermé la porte au visage ; que tous, au contraire, nous l'ont ouverte de toute la largeur du vantail et nous ont fait bon accueil. Nous avons eu pourtant à visiter quelques-uns de ceux qui, trompés et poussés en avant par des *braves* qui avaient soin de rester *à la queue du dépôt*, avaient le plus effrayé les habitants et inquiété l'administration municipale. Hélas ! ces *méchants* se montraient doux comme des agneaux, alors même que nous leur représentions combien répréhensible avait été leur conduite. Seulement, et *comme dans les premiers siècles de l'Église*, de charitables paroissiens nous remettaient entre les mains leurs aumônes ; *nous en faisions nous-même la distribution selon les nécessités de chacun ;* et loin d'avoir besoin *d'auxiliaire et d'avant-garde* dans l'apostolat de la charité, nous étions écouté de ces pauvres ; ils se laissaient instruire, faisaient bénir leur union civile, et, jusqu'en 1848, alors que les événements inspiraient des craintes aux paisibles citoyens, plusieurs d'entre eux sont venus à nous pour nous rassurer et nous offrir *bonne garde et secours*. M. le Curé de Lunéville ne s'est jamais plaint non plus d'avoir eu, par les pauvres, la porte fermée au visage.

1. Incroyance et paupérisme, 1851, page 24.
2. *Id. ibid.*

champs et des maisons, les vendaient, rapporte le livre des
Actes, et ils en venaient déposer le prix aux pieds des
Apôtres. Ceux-ci distribuaient les aumônes à chacun selon
ses besoins[1]. Mais le nombre des disciples se multipliant, et
les Apôtres ne pouvant plus désormais suffire à cette distribution, sans nuire aux fonctions plus importantes de leur
ministère : Il n'est pas juste, dirent-ils à l'assemblée des
Chrétiens, que nous abandonnions la parole de Dieu pour
avoir soin des tables. Choisissez donc, ô nos frères, sept
hommes d'entre vous, d'une probité reconnue, pleins de
l'Esprit-Saint et de sagesse, à qui nous puissions confier
cet emploi. Pour nous, nous nous appliquerons entièrement
à la prière et à la dispensation de la parole[2]. Ce discours
plut à toute l'assemblée qui élut sept diacres. Mais ces
nouveaux distributeurs des aumônes restèrent sous l'autorité et la juridiction des Apôtres qui les envoyaient et à qui
ils rendaient compte de leur gestion. Ainsi, les disciples
d'Antioche chargèrent-ils Saul et Barnabé, qui étaient prêtres, de porter leurs aumônes aux pauvres frères qui de-
meuraient en Judée[3]. Ainsi, l'Apôtre Saint Paul recom-
manda-t-il instamment aux Corinthiens de préparer leurs
aumônes par avance, en mettant quelque chose à part,
chez eux, le premier jour de la semaine, chacun selon
son bon vouloir, afin qu'à son arrivée, il les puisse envoyer
à Jérusalem par ceux qu'ils auront jugés aptes et auxquels il donnera des lettres testimoniales, à moins que la
chose le méritant, il ne se charge lui-même de la commis-
sion[4].

<hr>

1. Act. Apost. c. IV. v. 34-35.
2. *Id., ibid.* c. VI. v. 1-4.
3. *Id., ibid.* c. XI. v. 29.
4. Ep. ad Corinth. c. XVI. v. 1-4.

Voilà la manière dont *la charité s'exerçait dans les premiers siècles de l'Eglise, la seule pratiquée par nos pères dans la foi.* Voilà le modèle que, très-scrupuleusement, copia M. le Curé de Lunéville. Et lui aussi voulut qu'aucune misère ne demeurât sans soulagement; l'orphelin, le vieillard, le pauvre honteux, l'ouvrier momentanément sans travail, l'infirme, le malade, tous ceux qui souffraient à un degré quelconque, ont été les objets de sa paternelle sollicitude. Lui aussi, afin de ne pas négliger le ministère de la parole, a senti la nécessité d'auxiliaires chrétiens, intelligents, dévoués; et tout d'abord, et à l'imitation des Apôtres, il a choisi un certain nombre d'hommes sages et d'excellente renommée; il a réuni des dames et des demoiselles prudentes, chastes, ayant un soin exemplaire de leurs maisons[1]; il les a priées de lui venir en aide pour arriver plus facilement à recueillir les offrandes et à distribuer les aumônes selon les besoins de chacun; mais, en sa qualité de prêtre et de pasteur, il conserva la haute administration des bonnes œuvres; il en fut l'âme, la tête, le bras droit; il leur donna, il leur conserva la vie; il leur imprima le mouvement qu'ensuite il ne cessa de diriger. Les personnes respectables qui le secondèrent le *suivirent* et ne le *précédèrent* pas; elles devinrent pour lui comme autant d'instruments dociles de son ardente et ingénieuse charité; c'étaient les diacres et les diaconesses, par lesquels il envoyait les secours, puis auxquels il se joignait quand la circonstance l'exigeait[1]. Et Dieu a deux fois béni ces anges d'obéissance et de consolation : il les a bénis pour leur dévouement à la

---

1. S. Paul. Ep. ad. Tit. c. II.

2. *Quod si dignum fuerit ut et ego eam, mecum ibunt.* I^a Ep. ad. Corinth. c. XVI, v. 4.

cause des malheureux ; il les a bénis pour leur soumission filiale à leur supérieur spirituel qui, d'ailleurs, savait les consulter à l'occasion, les considérait comme de précieux auxiliaires, comme des amis dévoués, comme de chers et bien-aimés enfants. Quelle imitation fidèle de la conduite des Apôtres, conduite dont Saint Vincent-de-Paul prit si grand soin de ne point s'écarter. Cet insigne bienfaiteur de la Lorraine et de tant de provinces ayant à faire valoir et à conserver le bien temporel de sa compagnie, non seulement établit des procureurs et d'autres personnes intelligentes pour y tenir la main sous sa conduite, mais demanda que rien ne se fît sans son avis ; il marquait ce que chacun avait à faire, quelquefois à dire, et se faisait ensuite rendre compte. Les prêtres de sa Congrégation avaient grand soin de tenir Saint Vincent-de-Paul au courant de leurs œuvres. C'était également à lui que les échevins des villes adressaient directement leurs bénédictions et leurs actions de grâces.

Les officiers et les gens du Conseil de Lunéville, lui écrivirent en 1642 : « Monsieur, il semblait que le Ciel n'avait » plus que de la rigueur pour nous, lorsqu'un de vos en» fants en notre Seigneur, étant ici arrivé chargé d'aumô» nes, a grandement tempéré l'excès de nos maux et relevé » notre espérance en la miséricorde du bon Dieu............ » Nous bénissons les instruments de son infinie clémence... » et vous particulièrement, Monsieur, que nous croyons » être, après Dieu, le principal auteur d'un si grand » bien[1]..... »

Assurément donc, l'humble serviteur de Dieu, malgré son

1. Vie de Saint-Vincent-de-Paul, par Louis Abelly, Evêque de Rodez. Tom II.

abnégation personnelle et son désir de développer, dans les cœurs de ses subordonnés, le sentiment de la charité et la volonté du sacrifice, ne leur aurait jamais dit : qu'ils *avaient plus de droit à être écoutés que lui-même; qu'ils étaient ses chefs* et *que d'eux il devait recevoir la leçon.* Et voilà pourquoi les principaux membres des diverses associations charitables dont se peuple la France, instruits dans la science véritable, prétendent ne ramener leurs frères égarés que par l'exemple de leur docilité aux enseignement de l'Eglise[1]. Voilà pourquoi, au lieu de marcher, au premier rang dans la milice de Jésus-Christ, ils ne songent qu'à s'abriter sous la houlette de leurs pasteurs, pour demeurer forts contre les sarcasmes du monde, contre leurs propres misères[2] et pour opérer le bien qu'ils ont tant à cœur de réaliser! et quand quelques-uns d'entre eux se proclament redevables aux pauvres du *pain de l'âme,* du *pain de la parole,* ils n'entendent parler d'autre chose que d'édifiants entretiens qui poussent à la vertu, que de bons exemples qui la font pratiquer.

---

1. Société de Saint-Vincent-de-Paul, Assemblée générale tenue à Nancy, le 24 juillet 1856.
2. Ibidem. Idem.

ÉRECTION D'UN MONUMENT AU CIMETIÈRE.

M. Renard étendit les effets de sa charité aux membres du corps mystique de Jésus-Christ en proie, non seulement à la souffrance ou à la misère, mais encore à la profonde humiliation du tombeau. Il savait que l'Esprit qui a dit : Rompez votre pain avec celui qui a faim, recevez à votre foyer le pauvre et le voyageur, couvrez celui qui manque de vêtements[1], a aussi béni d'une bénédiction sept fois précieuse le captif de Ninive, parce que, dans la journée, il cachait en sa maison les corps de ses frères tombés sous le fer de Sennachérib[2], pour leur donner, pendant la nuit, une honorable sépulture. Or, vers la fin de 1849, l'abandon de l'ancien cimetière paroissial et l'ouverture du cimetière actuel ayant été résolus, le pieux vicaire s'affligea du délaissement des défunts inhumés dans une terre désormais considérée comme étrangère et profane : il voulut essayer de leur continuer les honneurs que l'Eglise ne cesse de rendre aux restes mortels de ses enfants. Son bon ange lui fit monter à l'esprit une heureuse pensée et, le dimanche 31 octobre 1849, il la développa dans un prône dont il fit suivre l'annonce de l'Octave des Morts, après la fête de la Toussaint :

« Mes chers frères, dit-il à ses auditeurs attentifs, c'est mardi prochain, jour de la commémoration des fidèles trépassés, qu'après avoir solennellement offert, sur nos autels,

1. *Frange esurienti panem tuum ; et egenos vagosque induc in domum tuam.* Isaïe, c. LVIII, v, 7.
2. Tob. c. I et XII.

la victime de propitiation pour le repos, le soulagement, la délivrance et le bonheur de tous ceux qui vous furent chers, nous irons processionnellement, pour la dernière fois, dans l'ancien cimetière de cette paroisse. Oui, ce sera pour la dernière fois que nous irons prier sur les tombeaux de vos pères, de vos parents, de vos amis : ce sera comme pour leur faire nos derniers adieux.

» En nous accompagnant en cette procession lugubre autant que religieuse, en venant avec nous prier sur la sépulture de vos aïeux, en arrosant leurs cendres des larmes de votre piété filiale, en leur adressant ces pieux et tendres adieux, et en vous rappelant que c'est pour la dernière fois, pensez-vous n'être pas saisis, n'avoir pas le cœur serré par je ne sais quel sentiment de peine et de regret que je ne puis définir, mais que sûrement vous éprouvez déjà comme nous? Non, non, vous ne pouvez vous en défendre. »

Le respect pour les tombeaux est, en effet, aussi ancien que le monde, aussi universel que l'espérance d'une autre vie ; l'orateur le prouve par les faits tirés de l'histoire des peuples et, surtout, des livres saints. Mais, c'est parmi les enfants de la foi qu'il se montre avec un caractère plus noble, plus majestueux et plus auguste ; car, « le Christianisme a toujours fait en tout le mieux possible ; jamais il n'a eu de ces demi-conceptions si fréquentes dans les autres cultes. Ainsi, par rapport aux sépultures, il s'est distingué des autres religions par une coutume sublime : il a placé la cendre des fidèles, autant qu'il l'a pu, à l'ombre des temples du Seigneur et, toujours, au moins, à l'ombre de la croix, comme pour déposer les morts dans le sein du Dieu vivant. Qu'elle est sublime, cette idée! Comme elle pénètre l'âme! Et qu'il est consolant, en visitant la tombe

de ses pères, d'entendre le cri de l'espérance s'élever, du
fond même du cercueil, et de voir la mort surmontée du
» signe de l'immortalité ! »

» Aussi, dans tous les temps et jusqu'à nos tristes jours,
lorsqu'une circonstance quelconque obligeait à changer
l'emplacement des sépultures, les chrétiens n'abandon-
naient point avec indifférence les anciens tombeaux. Avant
d'en livrer l'emplacement à d'autres usages, on les fouillait
jusque dans leur plus grande profondeur ; on en exhumait
avec soin jusqu'aux moindres restes des fidèles défunts et
on les transportait, avec pompe, dans la nouvelle demeure
des morts. C'est ainsi que la Religion, en consacrant, en
sanctifiant les sentiments les plus respectables de la nature,
a toujours su joindre le passé à l'avenir, réunir les enfants
à leurs pères et resserrer jusqu'au tombeau les liens de la
famille. Religion sainte ! que vous êtes belle ! que vous êtes
précieuse ! que vous êtes admirable en tout ! que n'êtes-
vous donc plus libre ! »

A quel propos cette dernière exclamation ? C'est, dit l'o-
rateur, que « maintenant, par des motifs que je ne veux ni
» juger, ni approfondir, les lois de la police ne permettent
» pas d'exhumation » et, qu'en conséquence, « nous ne pou-
» vons point rendre aux cendres de vos pères un hommage
» aussi solennel que le voudrait la Religion. »

Que faire alors ? en rester là ? « oh ! non, s'écrie le ministre de Dieu, je ne vous ferai pas l'injure de vous juger
si indifférents et si ingrats pour vos aïeux, pour vos pères,
vos mères, vos époux, vos épouses, vos parents, vos bienfaiteurs et vos amis. Non, vous ne souffrirez pas que les
dépouilles mortelles de ceux qui vous furent si chers, auxquels la plupart, vous avez tant d'obligations, soient ainsi
abandonnés sans leur donner au moins un dernier témoi-

gnage de votre sensibilité, de vos regrets, de vos souvenirs et de votre piété. Non, vous ne voudrez pas que les restes des corps de tant de chrétiens qui ont été la demeure d'âmes immortelles, d'âmes sanctifiées par le baptême et par les autres sacrements; de ces corps qui, selon l'expression du grand apôtre, ont été eux-mêmes la demeure du Saint-Esprit et qui doivent un jour sortir de la poussière de la mort pour entrer dans la gloire de l'immortalité, soient livrés, sans précautions, à l'indifférence des manœuvres qui bientôt cultiveront le champ de leur repos. Non, encore une fois, vous ne voudrez pas qu'ils soient jamais exposés à la profanation, ces ossements si respectables dont beaucoup, ayant appartenu à des âmes pures, fidèles et ferventes, qui jouissent déjà, dans le sein de Dieu, de la béatitude éternelle, sont de véritables reliques qui, si on les pouvait distinguer, mériteraient d'être exposées sur les autels, à notre vénération et à nos hommages. Non, non, en jugeant de ce que vous éprouvez par ce que nous éprouvons, vous ne le souffrirez pas et vos cœurs pieux autant que sensibles nous répondent que déjà vous partagez nos sentiments, que vous êtes prêts à entrer dans nos vues et à seconder nos désirs qui ne sont pas autres que ceux de la religion. »

Mais ces désirs ne peuvent se réaliser que par la violation d'un règlement de police ! Eh ! la charité est ingénieuse et féconde en ressources pour opérer le bien sans désobéir à la loi. Voici ce qu'elle offrit à M. Renard qui en fit usage et qui lui réussit parfaitement. Laissons lui le soin de l'exposer :

« Nous désirons, nous vous demandons d'abord que le
» dernier jour de cette octave, il soit célébré un service
» solennel pour tous ceux de vos ancêtres ou de vos pa-

» rents qui reposent dans l'ancien cimetière ; en second
» lieu nous désirons, nous vous demandons qu'il soit
» érigé, en leur honneur, dans le nouveau cimetière, un
» monument commun de piété..........................
Et voici de quoi serait composé ce monument, sauf modifications :

.« Nous ferons creuser et construire, au milieu de l'allée
» du nouveau cimetière, un caveau capable de contenir
» une grande quantité d'ossements ; sur le caveau sera
» posé une plate-forme élevée de trois degrés. Sur cette
» plate forme on construira un massif en manière d'autel sur
» lequel on établira un tombeau duquel s'élèvera une croix
» pyramidale de quinze à vingt pieds de haut. Sur la face
» antérieure du massif, on adaptera une table de marbre
» noir sur laquelle seront gravés, en lettres d'or, l'époque et le
» motif de l'érection du monument ; auprès de la face op-
» posée on ménagera une porte et des degrés pour des-
» cendre au caveau.

« Dans la suite, lorsque l'on cultivera l'ancien cimetière,
» nous aurons soin d'y tenir, toujours ouvert, un cercueil
» dans lequel seront précieusement déposés les ossements
» extraits des entrailles de la terre, et chaque fois qu'un
» cercueil sera rempli, nous le transporterons au caveau
» du nouveau cimetière avec les cérémonies convenables ;
» en sorte que, sans faire d'inhumation générale, avec le
» temps et des précautions que nous n'épargnerons pas,
» presque tous les restes de nos ancêtres seront recueillis
» et réunis avec le respect qui leur est dû, sous le monu-
» ment que vous allez élever à leur mémoire. »

Une souscription fut immédiatement ouverte et promptement remplie : les habitants de Lunéville s'estimant heureux de s'associer à une œuvre de famille que chacun en

son particulier souhaitait et réclamait. Le monument fut élevé : sur la face antérieure on lit cette inscription :

MONUMENT DE RELIGION ET DE PIÉTÉ FILIALE ÉRIGÉ L'AN MIL HUIT CENT VINGT, PAR LES FIDÈLES DE LA PAROISSE, A L'HONNEUR ET A LA MÉMOIRE DE LEURS AYEUX INHUMÉS DANS L'ANCIEN CIMETIÈRE, D'OU LEURS DÉPOUILLES MORTELLES ONT ÉTÉ RELIGIEUSEMENT TRANSPORTÉES DANS CELUI-CI, OU ELLES REPOSENT SOUS LA CROIX DU DIVIN RÉDEMPTEUR, EN ATTENDANT LA RÉSURRECTION GLORIEUSE.

R. in P.

Le jour précis de la bénédiction de la croix commémorative ne nous est point connu, mais voici les paroles que du pied de ce signe vénérable, M. l'abbé Renard adressa aux fidèles réunis :

« Le voilà donc enfin élevé, chrétiens, ce monument tant désiré de votre piété filiale ; ce monument sous lequel seront religieusement transportés les restes respectables de tous ceux qui vous furent chers, qui va servir ainsi à lier le passé à l'avenir, en réunissant les pères à leurs enfants ; ce monument qui doit rester à jamais au milieu de ces nouvelles sépultures, comme un tribut permanent de vos regrets et de vos tendres affections pour vos ayeux ; comme un hommage public rendu à leur mémoire, comme un point fixe pour y rattacher tous vos souvenirs, comme une station pour y venir invoquer en faveur de vos pères, la clémence divine, et pouvoir y répandre, comme sur leurs propres tombes, les pieuses larmes de vos justes regrets.

» Benédictions, bénédictions toutes célestes sur ceux qui ont contribué à rendre ce pieux et juste honneur à tant de chrétiens qui déjà reposent dans le sein du Dieu vivant.

Leurs noms inscrits avec soin sur un parchemin durable et renfermés dans cette boîte qui va être déposée sous le marbre de l'inscription, passeront à la postérité la plus reculée et lui apprendront qu'enfants non moins dignes de la religion que de leurs pères, ils ont su, en vrais chrétiens, honorer et conserver leur mémoire. »

NOMINATION

de M. Renard à la cure de Lunéville.

Non seulement M. Renard aidait de toutes les capacités
de son intelligence et de toute l'affection de son cœur dans
l'administration spirituelle de la paroisse, le saint et zélé
pasteur dont il partageait la sollicitude et les travaux, il lui
épargnait aussi les détails de la surveillance domestique et
la manipulation des affaires temporelles. Il était devenu, du
presbytère, l'économe et le pourvoyeur. « Que je suis heu-
» reux ! s'écriait souvent l'honorable et toujours joyeux
» vieillard : j'ai un vicaire qui, non seulement me remplace
» pour le service de la paroisse, mais encore qui me pro-
» cure tout ce dont j'ai besoin dans l'intérieur de mon mé-
» nage, et par-dessus, ajoutait-il en frappant de la main
» sur son gousset, me laisse encore de quoi faire le garçon. »
De fait, et par suite d'arrangements particuliers, le vicaire
avait acquis le mobilier du presbytère, s'était chargé de la
dépense et donnait la table à son pasteur, moyennant une
modique pension. A la mort de M. Blampain, M. l'abbé
Renard paya dix-huit cents francs de dettes que n'avait
point éteintes son prédécesseur, et fonda, pour le repos de
l'âme de ce vénérable prêtre, un service annuel à perpétuité.

Malheureusement, les attentions filiales du vicaire ne
purent soustraire le digne curé aux infirmités de l'âge,
à la décrépitude de la vieillesse, au coup suprême de la
mort. Après quatre-vingt-six ans de glorieux travaux, le 15
juillet 1824, M. Blampain alla recevoir, de la main du sou-

verain pasteur, la couronne de gloire promise au serviteur fidèle et bon[1] . Il mourut en paix, non seulement parce qu'il avait vaillamment combattu, conservé la foi, fourni sa course[2], mais aussi parce qu'il laissait entre des mains, dès longtemps exercées, une paroisse qu'il soupçonnait bien ne devoir pas passer sous la houlette étrangère de quelque nouveau berger.

En effet, à peine M. Blampain eut-il remis à Dieu sa belle âme, que le prince de Hohenlohe, juste appréciateur du mérite de M. Renard, vint à Nancy prier Monseigneur l'Evêque de nommer, comme titulaire de la paroisse, le prêtre qui, depuis plus de vingt ans, l'administrait comme vicaire, aux applaudissements de toute la population de Lunéville. Monseigneur de Forbin-Janson qui, probablement du reste, savait déjà de quel prêtre on lui parlait, se rendit à l'expression d'un vœu unanime et, par une lettre du 28 juillet, treize jours après le décès de M. Blampain, il annonçait *lui-même* en ces termes, au digne vicaire, son élévation au titre de curé :

« Nancy, le 28 juillet 1824.

» Je profite avec grand plaisir, mon très-cher curé, du
» retour de l'un de vos vicaires pour vous exprimer et mon
» regret de ne vous avoir pas vu lors de votre première
» course à Nancy, malgré les ordres que j'avais donnés de
» recevoir tous les ecclésiastiques qui ne sont pas de la
» ville, et en même temps ma satisfaction des marques tou-
» chantes de votre confiance en moi. J'avais déjà à peu
» près résolu de vous donner la cure de Lunéville dès qu'elle
» viendrait à vaquer par une perte à laquelle nous devions

1. Math. c. XXV. v. 21.
2. I[a] Ep. ad. Timoth. ch. IV. v. 7.

» malheureusement nous attendre. Votre lettre[1], mon
» cher curé, m'a confirmé dans cette pensée, et je ne crois
» pas pouvoir mieux faire reposer que sur vous ma solli-
» citude pastorale dans un poste que je regarde comme
» l'un des plus importants de mon diocèse. Vous pouvez
» donc vous considérer comme curé de Lunéville, quoique
» les formalités à remplir près du gouvernement ne le soient
» point encore. Je connais trop votre zèle pour le salut des
» âmes pour croire avoir besoin de vous recommander au-
» tre chose que de continuer à vous dévouer pour elles,
» mais, cependant, en ménageant un peu votre santé qu'on
» me dit altérée. J'espère aller vous voir bientôt, peut-être
» de dimanche prochain en huit. Je suis pressé de faire
» connaissance plus intime avec le pasteur et le troupeau.

» Votre très-affectionné,

» CHARLES, Evêque de Nancy et de Toul. »

L'installation solennelle du nouveau curé se fit le 2 décembre 1824, par le vénérable M. Michel, vicaire général
du diocèse et supérieur du séminaire de Nancy, qui avait en
estime singulière M. Renard et l'honorait de sa confiance
et de son amitié. Elle eut lieu en présence des notabilités
de la ville entre lesquelles on distingua le prince héréditaire
de Salm-Kransheim, le baron du Coëtlosquet, sous-préfet,
le respectable M. Jorant, procureur du roi, M. Jeandidier,
président du Tribunal, M. Adolphe de Frawemberg, maire
de la ville, le chevalier de Frawemberg et M. de Péronne,
président du conseil de fabrique; tous ces messieurs tin-

---

1. Le prélat fait allusion à une lettre que lui adressa M. Renard,
pour lui faire connaître ses dispositions intimes et dont le nouveau curé
parle dans son discours d'installation, duquel nous citerons plusieurs
fragments à la suite de ce chapitre.

rent à honneur de signer le procès-verbal de la cérémonie, à laquelle ils avaient voulu assister.

Est-il besoin de dire que le nouveau pasteur, actuellement responsable aux yeux du diocèse, de son Evêque et de Dieu, du soin de toute une ville populeuse, surajouta, s'il lui fut possible, au zèle, à la vigilance, aux fatigues du vicaire déjà si actif et si dévoué? Non certes; toutefois, c'est ici le lieu de dire que les œuvres de la charité corporelle ne retardèrent jamais, d'un instant, l'accomplissement des devoirs de l'administration spirituelle de la paroisse. Déjà nous avons vu qu'il employait une partie des nuits à la composition, à l'étude de ses prônes, afin d'avoir plus de temps à consacrer aux autres actes du ministère pastoral. Après quelques heures d'un repos indispensable et qu'il n'accordait que comme à regret à la nature, dès l'aube du jour, il se préparait par la méditation et la récitation des petites Heures, à la célébration de la sainte messe. Son action de grâces achevée, il se rendait au confessionnal pour y réconcilier les pécheurs ou donner des consolations et des avis. Il y passait souvent un temps considérable et, jusque dans les jours qui ont précédé sa dernière maladie, il s'y tenait encore pendant cinq ou six heures presque sans désemparer. Il visitait les infirmes et les malades, puis reprenait son bréviaire pour la récitation des Vêpres du jour et celle des Matines du lendemain. Ce saint exercice, la nourriture spirituelle et l'une des principales consolations de l'âme vraiment sacerdotale, avait, pour lui, quelque chose de si précieux et de si sacré que, malgré l'excessive faiblesse de sa vue, malgré la dispense officielle de le continuer, il ne l'abandonna que lorsqu'absolument il lui fut impossible de distinguer les caractères typographiques et, encore, ce ne fut qu'avec une peine amère et un

regret infini. « Que de fois, s'écrie M. l'abbé Firbach, ancien
» vicaire de Lunéville, dans l'article nécrologique par lui
» consacré dans l'*Univers* à la mémoire de son digne
» pasteur : que de fois, entrant à l'improviste dans sa
» chambre, n'avons-nous pas trouvé ce vénérable vieillard
» agenouillé et, disait-il pour s'excuser, priant, faute
» de pouvoir travailler[1] ! »

Plein du désir d'allier le recueillement de Marie aux
soins extérieurs de Marthe, et de peur que la multiplicité
de ces derniers, dont un membre du Clergé paroissial ne
saurait se dispenser, sans une sorte d'injustice, ne le dé-
tournât de l'intime union qu'il voulait conserver avec Dieu,
il avait, dès longtemps, pris la sage précaution de s'associer aux prières de fervents religieux, afin d'entrer en part
de leurs mérites, de remplir à la fois le rôle de Moïse sur
la montagne et celui de Josué dans la plaine, et de rendre ainsi plus féconds ses efforts et ses travaux.

Il ne sortait qu'autant que l'exigeaient la bienséance, la
charité ou de graves motifs de position. Il savait trop bien
que le pasteur est comptable à ses ouailles de tous les instants de sa vie ; qu'il doit être l'homme de la prière, de
l'étude et des bonnes œuvres ; que sa place est marquée
dans le secret de son oratoire, au chevet des malheureux,
entre le vestibule et l'autel[2] et non pas à la table ou dans
les salons des heureux et des puissants.

Il nous avouait, un jour, avec une édifiante naïveté que,
pendant sa longue résidence à Lunéville, il n'était pas allé
quatre fois au Bosquet pour sa récréation. Encore n'y était-

1. *Univers.* 15 septembre 1856.
2. Joël, c. II. v. 17.

il venu que par politesse, pour faire admirer cette charmante promenade à des personnes étrangères qui le visitaient.

Le premier pasteur du diocèse ne pouvait laisser sans
récompense un dévouement qui avait déjà plus de vingt ans
de durée ; aussi , la première année du ministère de
M. l'abbé Renard, comme Curé titulaire, ne s'écoula-t-elle
pas, avant que Monseigneur de Forbin-Janson ne l'eût
nommé Chanoine honoraire de sa Cathédrale. Sa nomination à cette dignité porte, en effet, la date du 25 août 1825.

Quelques personnes prétendent qu'il eût été mieux et
plus convenable à M. Renard de se répandre un peu plus
dans la société et d'entretenir avec les dignitaires et les
personnes honorables de sa paroisse de plus intimes relations. Elles lui reprochent une sorte d'isolement qu'elles
s'imaginent l'avoir empêché de réaliser une plus grande
somme de bien moral au sein des classes aisées de Lunéville. Nous n'entreprendrons pas de discuter si, en telle
circonstance donnée, M. le Curé devait sortir de sa maison
ou bien rester chez lui, faire telle démarche, accepter telle
invitation. Les observations de méticuleux critiques fussent-
elles de la dernière exactitude, nous répondrons, avec autant de confiance que de simplicité : Un prêtre que l'on est
assuré de rencontrer toujours, soit en son Eglise, occupé
du salut des âmes; soit dans son cabinet, travaillant à la
réalisation d'une pensée sublime de charité, facilement
trouve, auprès de tout homme raisonnable, excuse de quelques omissions d'actes polis, mais de simple convenance, et
que le monde ne multiplie que pour abréger la durée d'un temps
qu'il ne sait pas mieux employer. D'ailleurs, la perfection
ne se trouvant qu'en Dieu seul, chaque mortel porte avec
lui les imperfections et, si l'on veut, les défauts des plus

belles, des plus précieuses qualités. Si M. Renard , tout en restant à la hauteur de sa mission pastorale, se fût répandu davantage en sa paroisse ; selon toute probabilité, les pauvres ne jouiraient pas aujourd'hui d'un asile que cent villes envient à celle qui le possède ; les riches n'y eussent que bien faiblement gagné, les malheureux y eussent énormément perdu.

M. le Curé était homme de conscience et de parole. Or, il avait publiquement proclamé de quelle façon sa conscience lui faisait envisager les devoirs d'un pasteur ; publiquement il avait promis de les accomplir avec scrupule jusqu'à la fin de sa vie. Les personnes qui ont assisté au premier sermon qu'il donna, comme Curé, le 26 décembre 1824, trois semaines après son installation, lui ont entendu faire l'édifiante profession de foi pastorale dont suivront ici quelques extraits.

Après un juste tribut d'éloges et de regrets payé à la mémoire de son digne prédécesseur, l'émission du souhait de marcher constamment sur ses traces et l'invocation du Seigneur sur toute la paroisse, le nouveau titulaire continue :

« Depuis que la Providence m'a placé parmi vous, je puis dire que je n'ai eu de pensée, de désir, d'ambition, de force et de santé, que pour votre salut et votre bonheur. Ma nouvelle dignité ne peut donc rien ajouter à mon dévouement : elle ne fait qu'ajouter à mes devoirs ; puisqu'en effet tout ce qui n'avait été jusqu'ici qu'un objet de zèle pour moi, me devient aujourd'hui une obligation rigoureuse de conscience. Et voilà ce qui m'avait justement effrayé, ce qui m'avait toujours fait craindre d'avoir, ce qu'en Religion, nous appellons charge d'âmes......................

» Mais, dans cette circonstance, j'éprouvais ce que je n'a-

vais jamais senti pour d'autres paroisses, qu'à différentes
époques, on m'avait proposées, et que sans hésiter j'a-
vais refusé d'accepter. Cette fois, j'étais péniblement combattu
en moi-même : mon cœur qui vous est comme tout identifié,
par la longue et vive affection qu'il vous porte, voulait toujours rester au milieu de vous : d'un autre côté, ma conscience effrayée d'une responsabilité si redoutable , et du
compte qu'il faudra rendre un jour de tant d'âmes rache-
tées par le sang de Jésus-Christ, m'excitait à la retraite et
me la faisait désirer. Dans cette tourmentante perplexité,
sentant aussi, tout à la fois, et mon insuffisance et le vif intérêt que je porte à cette chère paroisse, je m'adressais au
souverain arbitre des destinées des hommes et des peuples,
et je lui disais, dans toute l'effusion de mes sentiments,
sans oser penser à moi :

» Seigneur ! n'abandonnez pas cette belle portion de votre immense troupeau : donnez-lui un pasteur plein de votre Esprit, capable d'y faire fleurir plus généralement votre
Sainte Religion, d'y ramener ceux qui s'en sont éloignés,
de rallumer le flambeau de la foi dans les cœurs où il est
éteint, de remettre en honneur les mœurs et la piété dans
toutes les classes, en un mot, d'étendre jusqu'à tous l'heureux règne de Jésus-Christ..

» Chaque jour, au saint Sacrifice, comme dans mes offices, je ne me lassais pas de lui faire la même prière et de
le conjurer, par ses propres mérites, de vous donner un
pasteur dans sa miséricorde. Mais toujours également
pressé entre mon inclination et mes inquiétudes, je pris le
parti d'écrire au vertueux prélat qui gouverne actuellement ce diocèse : je lui ouvris mon cœur tout entier, et
sans refuser absolument de me charger du fardeau que je
redoutais, je croyais en avoir assez dit, assez fait, pour dé-

tourner de moi sa pensée : mais, vain espoir! tout le contraire est arrivé; c'est donc Dieu qui l'a voulu, mes Chers Frères; je suis votre pasteur!..............................

» Mais, mon Dieu! est-ce dans votre justice ou dans votre miséricorde que vous m'avez placé à la tête d'une si importante paroisse? Ah! je ne veux pas penser que ce soit dans votre justice : cette affreuse idée me glacerait dès maintenant de la dernière frayeur : elle m'accablerait déjà du dernier désespoir. Non, je ne veux pas le penser : il y a encore dans cette intéressante portion de votre héritage, trop d'âmes qui vous appartiennent et qui vous sont chères pour que vous leur donniez un pasteur dans votre colère. Pour elles comme pour moi, je veux croire que c'est dans votre miséricorde. Il est vrai que je ne suis rien, que je ne puis rien par moi-même; mais, n'êtes-vous pas le Dieu fort, le Dieu puissant, qui se glorifie dans la faiblesse des instruments qu'il emploie pour l'accomplissement des desseins de sa bonté! Vous les renouvellerez donc pour votre humble serviteur : Oui, je l'espère, ô mon Dieu! vous renouvellerez en moi les prodiges que vous avez opérés pour tant d'autres ministres fidèles. Par l'abondante effusion des dons de votre divin Esprit, vous me transformerez en un nouvel Apôtre. Déjà mon cœur est à vous, à vous tout entier; pourriez-vous n'être pas la lumière de mon esprit, le guide de ma conduite, l'appui de mes efforts? Je n'en veux faire que pour votre gloire et le salut des âmes que vous m'avez confiées; pourriez-vous ne pas les bénir?............

» Le bon pasteur, dit Jésus-Christ dans l'Evangile, donne sa vie pour ses brebis : *Bonus pastor animam suam dat pro ovibus suis.* A ce prix, mes Chers Frères, je pourrai me dire le bon pasteur; car, je sens vivement dans mon cœur que, si pour vous sauver tous, il ne fallait que verser mon sang, je le répandrais avec joie jusqu'à la dernière goutte.

» Mais, il est une autre manière de donner sa vie pour ses brebis. Jésus-Christ lui-même ne l'a pas seulement immolée sur la croix; il l'a donnée dès le moment de son entrée dans le monde : *Sacrificium et oblationem noluisti : tunc dixi : ecce venio.* Et après l'avoir donnée, dès le commencement, il a toujours continué à la donner. Il la donnait dans ses prières, en s'offrant à Dieu pour les hommes. Il la donnait dans ses travaux, dans ses voyages, dans ses jeûnes, dans ses veilles, dans ses prédications, dans ses miracles mêmes; puisque tout cela avait pour but leur salut et qu'il savait bien que tout cela devait le conduire à la mort..

» C'est ainsi que maintenant, tout bon pasteur, à la suite de son chef Jésus-Christ, le bon pasteur par excellence, doit donner sa vie pour ses ouailles, non en s'immolant sur un échafaud, mais en s'employant sans cesse pour elles; en la consumant tout entière dans les travaux du saint Ministère; en ne vivant que pour le salut du peuple dont il est chargé. Rien autre chose ne doit occuper son esprit et son cœur : en public, comme en particulier, dans ses fonctions et hors de ses fonctions; en tout lieu comme en tout temps, il ne doit travailler que pour le bien de ses brebis; le préparer par ses méditations, le procurer par ses discours, l'opérer par ses actions, le solliciter par ses prières. Ce sacrifice continuel de tous ses moments, de toutes ses facultés, est moins glorieux, sans doute; mais plus difficile, plus pénible, plus méritoire peut-être, que le sacrifice prompt et brillant de ses jours........................

» Or, de cette manière encore, mes Chers Frères, dès ce moment, ma vie vous appartient tout entière. Jusqu'à mon dernier soupir, elle ne sera employée que pour votre sanctification et votre bonheur. Je n'aurai de force, de santé, de moyens, que pour travailler à votre salut. Mes efforts, mes veilles, mes soins, n'auront pas d'autre but. Comme Jésus-Christ, le souverain pasteur a dit de lui-même, *qu'il n'était pas venu pour être servi, mais pour servir ;* ainsi, je me mets entièrement à votre service, pour tout ce qui a rapport à vos intérêts éternels. Rien ne me coûtera pour vous aider à conquérir la couronne de l'immortalité. Dieu ne m'a envoyé que pour cela, et je sais très-bien que je ne suis point pasteur pour être oisif ; mais pour veiller comme un berger qui conduit son troupeau ; pour travailler, comme un vigneron dans sa vigne ; comme un laboureur qui, tantôt sème, tantôt moissonne dans son champ. Or, la vigne que je dois cultiver, c'est cette paroisse, ce sont vos âmes. Vous êtes ce champ où je dois jeter la semence de la parole divine ; que je dois cultiver sans cesse, pour en extirper les vices ; pour en bannir les scandales ; pour y faire croître la vertu ; pour y vivifier la foi, la Religion, la piété ; pour voler à toute heure au secours des pécheurs, des pauvres, des malades et des mourants.

» Oui, je le sais : tels sont mes devoirs ; je les connais ; ils sont chers à mon cœur ; ils ne me seront jamais pénibles et, avec la grâce de Dieu que j'implore et que j'espère, je les remplirai toujours avec autant d'ardeur que de fidélité. Appelez-moi donc quand il vous plaira, le jour ou la nuit, n'importe : ne craignez pas de m'importuner. Trop heureux si, en sacrifiant pour vous, à l'exemple de Jésus-Christ, mon divin Maître, mon repos, mes forces, ma santé, ma vie même, je puis mériter le titre et la récompense de bon pasteur...

» Voilà ce que je vous promets, mes Chers Frères, voilà ce que je ferai constamment avec tout le zèle dont je suis capable. »

Les habitants de Lunéville ont dit, aux funérailles de leur dévoué pasteur, comment il avait tenu ses engagements à leur égard.

Nous pouvons avancer que M. Renard avait le sentiment des convenances aussi délicat que l'homme du monde le mieux façonné. Il lui eût été agréable de visiter ses paroissiens, de s'entretenir particulièrement avec eux, dans l'intérieur de leurs maisons, de tout ce qui aurait pu concerner l'intérêt de leur âme et celui de leur fortune. Mais il aurait craint de dérober à ses occupations pastorales des instants, qu'en conscience il croyait leur devoir consacrer.

Il le disait à ses paroissiens; il le leur répéta d'une manière solennelle dans l'allocution qu'il leur adressa, le 31 décembre 1848, pour leur faire ses souhaits de bonne année et les remercier des félicitations dont il avait été l'objet, de leur part, à l'occasion de sa nomination au grade de chevalier de la Légion-d'Honneur :

« Ce serait pour moi une grande et bien douce satisfaction, si je pouvais aller, de maison en maison, vous offrir, à chacun en particulier, les vœux de mon cœur et vous témoigner combien j'ai été sensible à la démonstration si générale, si unanime de votre estime et de votre affection.

» Mais pour peu que vous ayiez idée de *l'impérieux assujétissement* où me tiennent *les devoirs les plus indispensables de mon ministère* dans cette immense paroisse, vous m'excuserez si je ne rends pas toutes les visites qu'il me serait certainement bien agréable de pouvoir rendre, et vous serez assez bons pour ne pas m'accuser d'indifférence. »

Il ajoutait immédiatement ces mots qui durent flatter et réjouir les habitants de Lunéville bien autrement que la visite la plus amicale et la plus longuement prolongée :

« Oh! non, vous le savez trop bien : je n'ai pas attendu ces nouveaux témoignages de votre attachement pour vous être entièrement dévoué; car, je puis le dire hautement, depuis près d'un demi-siècle que la Providence m'a placé parmi vous, je n'ai eu de pensées, de désirs, d'ambition, de force, de santé que pour votre sanctification; non, jamais mon cœur n'a battu que pour votre bonheur; mes travaux, mes soins, mes veilles, mes démarches n'ont pas eu d'autre but. »

M. RENARD EN SES INSTRUCTIONS.

M. le Curé de Lunéville, au témoignage de ses confrères qui l'ont mieux connu, excella dans l'art si difficile d'instruire l'enfance et de réduire à sa portée, avec autant de noblesse que de clarté, les hautes vérités du dogme et de la morale catholiques. Il se faisait petit avec ces petites, mais si intéressantes créatures que l'on appelle les enfants ; à l'imitation de Saint Paul, il se gardait bien de leur offrir un pain solide ou un épais brouet qu'elles n'eussent pu digérer ; mais il leur distribuait un lait pur et limpide qui les alléchait en les fortifiant[1]. Il employait de préférence, avec elles, le langage des comparaisons, et c'est ainsi que, par l'exposition de faits et d'objets sensibles, il leur mettait sous les yeux et leur faisait comme toucher, les êtres dont l'essence spirituelle échappe à de charnels regards[2]. Plusieurs des enfants qu'il a ainsi élevés, se rappellent, encore aujourd'hui qu'ils sont devenus d'expérimentés vieillards, les leçons qu'ils ont reçues de lui et qu'ils écoutaient avec autant de plaisir qu'ils les retenaient avec facilité.

M. l'abbé Renard a laissé plus de cent soixante discours de sa composition, tous écrits avec un soin extrême et une admirable netteté. Il en faisait d'abord le canevas et ne les copiait que lorsqu'ils étaient selon son goût. Ils décèlent, en général, une étude réfléchie de l'Ecriture-Sainte, de l'histoire ecclésiastique et des principaux auteurs tant profanes que sacrés, un ardent amour de Dieu et du pro-

1. *Lac vobis potum dedi non escam*, I[a] ad Corinth., c. III, v. 2.
2. *Invisibilia, à Creatura mundi, per ea qua facta sunt, intellecta conspiciuntur*. Ep. ad Rom., c. I, v. 20.

chain, une tendre piété, une grande solidité de doctrine. Le style en est toujours digne, par fois élégant et fleuri; on y trouve néanmoins quelques expressions dont la susceptibilité actuelle ne s'accommoderait pas, puis on leur souhaiterait plus de concision. Sans être diffus, dans l'acception rigoureuse du mot, les prônes de l'infatigable prédicateur dépassent les limites d'instructions pastorales ordinaires; mais il est aisé de reconnaître que cette prolixité résulte du besoin qu'éprouvait l'orateur de pénétrer son auditoire, et des pensées de son intelligence et des sentiments de son cœur, puis du regret de quitter ceux qu'il aurait voulu éclairer jusqu'à l'évidence, échauffer jusqu'au sacrifice, transformer jusqu'à parfaite ressemblance avec Jésus-Christ. Combien de fois, en effet, a-t-il répété : « Ne
» vivant que pour ma chère paroisse; n'ayant de force, de
» santé, d'ambition que pour travailler sans relâche à y
» établir, par tous moyens, le règne de Jésus-Christ; le
» salut des âmes qui me sont confiées, étant l'unique et
» continuel sujet de mes méditations et de mes prières,
» l'unique soin qui occupe sérieusement mon esprit, l'uni-
» que qui touche et pénètre profondément mon cœur,
» j'éprouve le besoin de le dire à mes enfants et d'épan-
» cher mon cœur comme un père au milieu de sa famille. »

Parmi les discours de M. le Curé, on compte un bon nombre d'homélies sur les Evangiles, plusieurs autres sur le décalogue, les sacrements, les points principaux du dogme et de la morale et des sermons pour les principales fêtes de l'année. Notre orateur s'aidait des meilleurs sermonnaires, non pas en les copiant avec servilité, mais en s'appropriant leurs principales idées dont il adaptait l'exposition aux besoins de l'époque et, plus spécialement, de la paroisse, suivant la méthode indiquée par notre compa-

triote Vincent de Lérins : *Non nova sed novè.* Sentinelle
vigilante, lorsqu'il apercevait quelque nouvelle manœuvre
de l'ennemi des hommes, pour augmenter le nombre de ses
victimes, il donnait aussitôt l'alarme, s'armait du glaive de
la parole et commençait la lutte au nom du Dieu des combats.

C'est ainsi qu'ayant appris qu'une actrice de renom était
arrivée pour donner plusieurs représentations au théâtre;
il fit, dès le dimanche suivant, entendre aux paroissiens de
Lunéville, un discours à la fois si solide et si touchant sur
le danger des spectacles, que la salle resta presque vide et
que les soirées dramatiques n'eurent pas lieu.

C'est ainsi encore, qu'au mois de mai 1840, plusieurs
journaux ayant annoncé, avec pompeux éloge, un livre
nouvellement publié sous ce titre : *Les vœux d'un solitaire
des Pyrénées;* grand nombre de personnes se le procu-
rèrent et, après l'avoir lu, le communiquèrent à d'autres,
de telle façon, que bientôt il fut connu de presque toute la
ville, où il fit une impression malheureuse sur beaucoup
d'esprits.

Le *Moniteur de l'Empire* en ayant, le premier, publié
des extraits, les personnes opposées à la religion le donnaient comme l'œuvre du gouvernement lui-même et affir-
maient que tous les changements proposés dans ce livre seraient adoptés et convertis en lois de l'Etat; les vrais
catholiques, acceptant ces propos avec trop de facilité, en
étaient vivement alarmés et tremblaient pour leur foi, car
l'auteur anonyme de l'ouvrage ayant pour but principal de
réunir les catholiques aux protestants, ne demandait rien
autre chose, à l'Eglise romaine, sinon 1° d'admettre en
principe : *Que tout ce qui regarde le dogme, ne peut avoir
que Dieu pour juge;* 2° de supprimer *le culte des images,
l'usage du latin comme langue liturgique, la confession*

auriculaire et *le célibat des Prêtres*. A ces conditions, l'auteur promettait que nos frères séparés ne refuseraient pas de se prêter à une réunion et, d'ailleurs, il prétendait prouver que ce qu'il demandait n'était en rien contraire aux principes fondamentaux du dogme catholique. En telle conjoncture, M. l'abbé Renard crut de son devoir d'élever la voix contre les prétentions impies et les mensongères assertions de l'anonyme, afin de relever le courage des bons fidèles, d'imposer silence à de trop bruyants échos et d'éclairer la paroisse tout entière sur une aussi grave question. Pour atteindre plus efficacement son but, il choisit la solennité de la Pentecôte, parce qu'elle amène à l'Eglise un plus grand nombre d'auditeurs. « Et je dois remercier le Seigneur, ajoute le bon prêtre au bas de la note qu'il a eu soin de placer en tête de son discours, je dois remercier le Seigneur, car j'eus la consolation d'imposer silence aux méchants et de rendre la tranquillité aux bons Chrétiens. Dieu veuille qu'ils la conservent toujours. » Le Ministre de la sainte Parole adressa effectivement aux habitants de Lunéville un discours dans lequel, après les avoir exhortés à ne pas laisser éteindre en eux l'Esprit de Dieu[1], il leur montre que *les vœux d'un solitaire* n'expriment autre chose que ce que Luther et Calvin prêchaient trois cents ans auparavant et que l'Eglise a solennellement rejeté et condamné au Concile de Trente; que, par conséquent, c'est un procès déjà jugé et qui n'a plus besoin d'un nouvel examen. Reprenant, en effet, chacune des propositions de l'auteur anonyme, M. l'abbé Renard prouve, par la tradition soit écrite, soit parlée, la fausseté de la première, l'impossibilité d'accepter les autres sans violer sacrilégement la discipline ecclésiastique suivie par

1. *Spiritum nolite extinguere* Iª Ep. ad Thessal. c. V. v. 19.

l'Eglise depuis les temps apostoliques. Il rétablit les faits tronqués ou dénaturés par l'infidèle citateur; il démolit, en un mot, pour ses auditeurs, ce nouveau palais d'Armide, où plusieurs ne seraient entrés, par curiosité, que pour y demeurer enchaînés dans les fers du plus humiliant esclavage.

Les discours, les épîtres, les compositions de tout genre qu'a laissés M. l'abbé Renard, prouvent combien vif, combien ardent était l'amour qu'il portait à ses ouailles. Toujours: mes chers paroissiens, mes bons paroissiens, mes enfants, mes bien-aimés[1]! On croit entendre Saint Paul, apostrophant ainsi les habitants de Philippi[2]. Mes très-chers, mes très-désirés, mes bien-aimés, ma couronne et ma joie; ou bien disant aux Galates[3] : Mes petits enfants, je ne fais qu'un avec vous. N'est-ce pas encore la voix de Jean, lorsque cet apôtre répétait à ses fidèles disciples[4] : Mes chers petits, demeurez avec Dieu : ne vous laissez pas séduire, mes chers petits.

Mais l'amour est fort comme le trépas[5], dit l'Esprit qui inspira l'auteur du plus sublime des Cantiques; et voilà pourquoi, le père si doux, si bon, si simple quand il instruisait ses enfants, devenait énergique, intrépide, sublime, lorsqu'il s'agissait de défendre l'intégrité du dogme et de l'enseignement sur lesquels repose l'édifice du catholicisme

1. Il est à remarquer que M. le Curé n'employa que cette dernière et si touchante locution dans tout le discours qu'il prononça, le 8 juillet 1851, à l'occasion de la Bénédiction de la chapelle de sa Maison des Pauvres.

2. Ep. ad. Philipp. c. IV. v. 1.

3. Ep. ad. Galat. c. IV. v. 19.

4. Ep. Joan. *Passim.*

5. *Fortis ut mors dilectio. Cant. Cant.* c. VIII. v. 6.

selon les Apôtres, selon Notre Seigneur Jésus-Christ. Loin de lui cette faiblesse complaisante qui laisse s'introduire des abus insignifiants, imperceptibles d'abord, qui octroie droit d'orthodoxie à certaines propositions, qui ne heurtent de front ni le symbole ni le décalogue, mais qui n'en portent pas moins atteinte à la lucidité, à la divine perfection des règles si sagement établies par la sainte et indéfectible mère de tous les Chrétiens !

C'est surtout dans dans des circonstances exceptionnelles, lorsque la prudence humaine recommande le plus de ménagements et de précautions, afin de ne point heurter les idées dominantes d'une époque ou d'une situation, qu'il convient d'apprécier le langage de M. l'abbé Renard, en tant que ministre de la parole sainte.

Nous l'avons précédemment entendu développer aux habitants de Dommartin-lès-Toul, puis à ceux de Lunéville, à l'occasion du rétablissement du culte, les principales causes des malheurs de la France, qu'il leur déclare nettement n'être pas autres que « nos péchés, l'abus excessif des grâ-» ces de Dieu et de sa Religion, la profanation des plus » augustes solennités par des travaux défendus ou par » des débauches encore plus criminelles, » puis indiquer, aux uns et aux autres, les moyens à mettre en usage pour en conjurer le retour. Il va nous être donné de l'entendre de nouveau à plusieurs époques analogues, sous le rapport de la situation politique et de l'effervescence populaire : l'anniversaire du couronnement de l'Empereur en 1806, la Restauration, la Révolution de Juillet et la République de 1848. Une seule idée le domine : Dieu seul est grand[1] ! Par lui seul règnent les rois[2]. Au souverain des siècles :

1. Massillon. Oraison funèbre de Louis XIV.
2. *Per me reges regnant.* Prov. ch. VIII. v. 10.

honneur, gloire et salut pendant l'Eternité[1] ; aussi, ne prétend-il à autre chose si ce n'est à réduire, à leur juste proportion, les idées terrestres qui divisent les hommes, les poussent à se haïr et deviennent, pour les Etats, la source des plus affreuses calamités ; et de pénétrer ses auditeurs de ces vérités, de toutes les époques, qui réunissent infailliblement les citoyens et confondent leurs cœurs dans un même sentiment de tendre et mutuelle charité.

1. *Regi sœculorum, honor et gloria.* Iᵃ ad. Timoth. ch.

M. RENARD

au deuxième anniversaire du Couronnement de l'Empereur.

Un décret impérial du 19 février 1806 porte, article sixième : « La fête de l'anniversaire de notre Couronnement et celle de la bataille d'Austerlitz, seront célébrées le premier dimanche du mois de décembre, dans toute l'étendue de l'Empire, » et, article huitième : « Il sera prononcé dans les Eglises et par un ministre du culte, un discours sur la gloire des armées françaises et sur l'étendue du devoir imposé, à chaque citoyen, de consacrer sa vie à son prince et à la patrie[1]. »

M. l'abbé Renard fut désigné, cette même année, pour remplir les intentions de l'Empereur, à la solennité de Lunéville, le 7 décembre, premier dimanche de ce mois. Le sujet de son discours lui était officiellement indiqué par avance ; nous n'avons qu'à examiner de quelle manière il a su le traiter.

Pour le Souverain que l'onction sainte « fait devenir plus réellement sur la terre le représentant de la divinité, l'image de sa gloire et le ministre de sa puissance, » l'auditoire ne peut attendre que l'orateur « entreprenne de pé-
» nétrer les desseins de la divine Providence dans le choix
» qu'elle a fait de celui qu'elle veut faire régner sur son
» peuple..... Pour bénir le Seigneur des heureux change-
» ments opérés parmi nous, il suffit au chrétien de savoir
» que le souverain Arbitre du monde seul, du haut des

1. *Journal de l'Empire*, 23 février 1806. Page 3e.

» Cieux, tient en sa main les destinées des peuples et des
» nations; que c'est lui seul qui fait les rois et les détrône;
» qui donne les sceptres et qui les brise, et qu'on ne peut
» jamais assez bénir cette main protectrice lorsqu'elle dai-
» gne envoyer un de ces hommes extraordinaires, qu'elle
» crée comme à part, pour relever les états de leur ruine
» et faire rentrer les peuples égarés dans le chemin de
» l'ordre et de la justice. »

Quant aux triomphes militaires, « c'est par des cantiques
» de louanges et d'actions de grâces plutôt que par des dis-
» cours que la Religion a coutume de les célébrer; » aussi,
» l'assistance n'exigera pas du prédicateur une harangue
» toute guerrière, car son ministère est tout spirituel. »

« Mais, continue l'orateur chrétien, pour entrer d'une manière plus évangélique et non moins utile dans l'esprit de la solennité qui nous rassemble, je vous ferai voir que de tous les
genres de gloire dont s'est couvert notre nouveau monarque,
le plus heureux... c'est d'avoir rétabli notre sainte Religion
sur ses bases antiques et respectables, par le concours nécessaire du chef de l'Eglise et surtout de l'avoir remise en
honneur en la replaçant sur le trône. » Comment cela?
« C'est la Religion toute seule qui, par sa doctrine infailli-
ble et puissante, a mis le calme de la sagesse et de la vérité
dans l'esprit et dans le cœur de l'homme en fixant ses pensées et en réprimant ses passions; c'est à elle que l'on doit
le progrès de la civilisation et des sciences, l'invention
comme le perfectionnement des arts utiles et même de l'a-
griculture, la fondation de toutes les maisons d'instruction
et de secours; c'est elle seule qui puisse donner le courage
des vertus et la générosité des bonnes œuvres comme
aussi, par ses espérances, apporter des consolations réelles
et efficaces au malheur. »

Le développement oratoire de ces propositions forme le contexte du discours et fournit à l'orateur de magnifiques peintures et de touchants récits. Il en tire en dernier lieu cette conséquence pratique si avantageuse aux particuliers et à la nation : « Plus convaincu que jamais qu'une Religion si sainte, si sublime, si parfaite, ne peut être que l'ouvrage d'un Dieu, vous ne vous contenterez pas de bénir le Seigneur de nous l'avoir rendue : une joie stérile, une action de grâces qui ne serait que transitoire et pour la forme, nous rendrait indignes de ses bienfaits; mais, pour attirer de plus en plus la protection du Ciel sur ce bel empire et sur son illustre chef, tous, sans distinction, les pères comme les enfants, les riches comme les pauvres, les magistrats et les militaires se feront également gloire de remplir chaque jour, avec une nouvelle ardeur, les devoirs que cette Religion céleste nous impose à tous aussi, sans distinction d'âge, de rang ni de sexe. C'est par ce religieux accord que, faisant une sainte violence au Dieu des armées, nous obtiendrons de sa main puissante et protectrice, qu'après avoir rendu la Religion à la France, il daigne aussi rendre la paix à l'univers. »

Ainsi, en se conformant aux intentions de l'Empereur, M. Renard sait ne pas oublier que son « ministère est tout spirituel; » il sait le rappeler aussi à ses auditeurs et, au lieu d'emboucher la trompette guerrière, pour sonner la victoire ou convier les citoyens à de nouveaux combats, il fait raisonner sous ses doigts la harpe du prophète, pour célébrer les bienfaits du Seigneur et pour engager ses ouailles à travailler au salut de leur commune patrie, en se rendant propice, par le fidèle accomplissement de sa loi sainte, le Dieu qui protége la France avec tant de miséricorde et de bonté.

M. RENARD A LA RESTAURATION.

La France, en liesse, se réjouissait encore du retour de ses anciens souverains; elle attendait d'eux, disait-elle, la fin de toùs ses maux, la joie, l'abondance et la prospérité. Or, sans se préoccuper des dispositions bienveillantes du monarque, M. Renard ayant à prononcer une homélie, le xvie dimanche après la Pentecôte, 5 septembre 1815, sur l'Evangile du jour : il lui donna, pour épigraphe, ces deux mots : Dieu et la France et, pour texte, les plus saillantes paroles de ce même Evangile : *Quiconque s'élève sera humilié, et quiconque s'humilie sera élevé*[1]. Il fit, de ces graves paroles, la première proposition de son discours, puis les développa comme il suit :

« Tet est l'immuable arrèt de l'éternelle justice....... Et Dieu suit cet ordre, non seulement envers les hommes en particulier, mais encore envers les villes, les royaumes et les nations entières. »

» Il y a des personnes qui s'étonnent, qui se plaignent, qui s'irritent même, de voir la France autrefois si florissante, si respectée, si élevée au-dessus des autres peuples, aujourd'hui si profondément abaissée, à la merci des autres nations et touchant presque à sa ruine. Ah! il ne faut pas nous en étonner. La France s'est élevée contre Dieu, et sa justice exige qu'elle soit abaissée, jusqu'à ce qu'elle s'humilie sous sa main puissante, comme Ninive, ou qu'elle périsse dans son endurcissement, comme la Judée. Voilà ce que nous voudrions bien, avec la grâce de Dieu, vous faire

____
1. Saint Luc. c. 14.

comprendre, non pour causer de la peine à personne, mais pour justifier à vos yeux la justice de Dieu notre maître, et vous engager par les plus puissants motifs à arrêter par vos prières et une vie plus chrétienne, le bras de sa vengeance prêt à frapper les derniers coups.

» Avant de quitter les Israélites pour aller sur la montagne où il devait mourir, Moïse assembla tout le peuple, lui rappela les bienfaits du Seigneur, lui reprocha en même temps à lui-même son ingratitude passée et à venir et lui prédit les châtiments dont elle serait frappée. « Cieux, écoutez ce que je vais dire, et que la terre entende les paroles de ma bouche, » s'écria-t-il dans les transports de l'Esprit prophétique. Puis, rappelant par quelle suite de prodiges Dieu avait tiré ce peuple de l'esclavage d'Egypte, il dit : « C'est le Seigneur lui-même qui l'a conduit, et il n'y avait point avec lui de Dieu étranger. Il l'a établi dans un excellent pays, dans une terre d'abondance, où coulait le lait et le miel. Mais ce peuple si aimé, qui avait tout à souhait, est devenu rebelle ; sa force, son repos, son abondance l'ont aveuglé. Il a abandonné son Dieu et son Créateur ; il a quitté Dieu qui l'avait sauvé. Ces rebelles l'ont irrité en adorant des dieux étrangers ; ils ont attiré sa colère par les abominations qu'ils ont commises. Au lieu d'offrir leurs sacrifices à Dieu, ils les ont offerts aux démons, à des dieux nouveaux qui, jusqu'alors, leur avaient été inconnus et que leurs pères n'avaient jamais révérés. Peuple ingrat ! vous avez abandonné le Dieu qui vous avait donné la vie ; vous avez oublié votre Seigneur qui vous a créé. Aussi le Seigneur l'a vu et s'est mis en colère ; parce que ce sont ses propres fils et ses propres filles, ce sont ses enfants de prédilection qui l'ont irrité. Alors il a dit : Je détournerai d'eux mon visage et je considérerai leur fin malheureuse. Car c'est un peuple corrompu ; ce sont des enfants toujours rebelles. Je vais rassembler tous les maux pour les en accabler, et je tirerai contre eux toutes mes flèches. La flamme les consumera et, des oiseaux de carnage, des bêtes farouches les déchireront par de cruelles morsures. L'épée les percera au dehors et la frayeur au dedans ; ils tomberont en des monceaux de morts, les jeunes hommes avec les vierges, les vieillards avec les enfants. Oui, ai-je dit en moi-même, je m'en vais les disperser jusqu'aux extrémités du monde et en abolir la mémoire pour jamais. Mais j'ai différé ma vengeance pour ne pas satisfaire à la fureur des ennemis de ce peuple et ne point leur donner lieu de s'élever avec orgueil et de dire : Ce n'est point Dieu, c'est notre bras, notre puissance qui a fait toutes ces merveilles. Ah ! ce peuple n'a point de sens, il n'a point d'intelligence ; s'il avait la moindre lumière, il aurait compris ma conduite et prévu la fin funeste qui est réservée à ceux qui s'élèvent contre moi[1]. » Tel est le langage prophétique de Moïse, parlant au peuple d'Israël au nom du Seigneur. Qui ne reconnaît dans ces paroles de tous les temps, l'histoire de notre patrie ? D'abord, la gloire, l'abondance dont Dieu l'a comblée pendant plusieurs siècles ; ensuite son effroyable ingratitude, son impiété, son apostasie ; enfin, les termes, les délais que Dieu met à la plénitude de sa vengeance pour voir si nous ne reviendrons pas de notre égarement.

Comme le peuple d'Israël, la France a été un peuple choisi, le premier-né des royaumes chrétiens. De tout temps la richesse, l'abondance, les sciences et les arts lui donnaient un éclat qui la relevait par dessus tous les autres

---

1. Deuter. c. XXXII.

royaumes de la terre; et il y a treize siècles qu'un grand et saint Pape a dit : que les rois de France étaient autant élevés au-dessus des autres rois du monde, que ces rois eux-mêmes étaient élevés au-dessus des autres hommes[1]. Et, en effet, à quel royaume Dieu donna-t-il jamais un plus grand nombre de rois selon son cœur, de souverains chéris, l'amour et la gloire de leur nation, dignes par leurs royales vertus des surnoms glorieux qu'ils portent, de saints, de sages, de justes, de bons, de pieux, de pères du peuple et, en particulier, de rois très-chrétiens? Mais surtout à quel empire de la chrétienté Dieu donna-t-il jamais tant de saints pontifes, de docteurs profonds, de nouveaux prophètes, de prédicateurs éloquents, de prêtres charitables, d'apôtres zélés qui, franchissant les mers et bravant les tempêtes, allèrent annoncer aux sauvages et aux barbares, avec le nom et l'amour de Jésus-Christ, le nom et l'amour des Français?

» Mais ce peuple si favorisé de Dieu, qui avait tout à souhait, brillant au plus haut point de la gloire, a méconnu le Seigneur qui l'y avait élevé et a méprisé sa puissance. Au lieu de lui en rendre des actions de grâces et de l'en servir avec plus de zèle, il a employé son influence et son éclat à pervertir les autres nations et, semblable à la prostituée de l'Apocalypse, la France a séduit les peuples et les rois, les a enivrés du vin de son impiété pour les faire tomber dans les abominations de son apostasie. Des hommes nés dans son sein, des hommes ennemis de Dieu à proportion des talents qu'il leur avait accordés, en ont abusé pour lui faire la guerre, détruire sa religion sainte, en avilissant ses préceptes, ses cérémonies, ses mystères; en calomniant

1. Grégoire-le-Grand au roi Childebert en 596.

ses ministres, en prêchant la licence et ennoblissant le vice. Et les magistrats, et les puissants d'alors, au lieu d'opposer leur autorité et leur exemple, comme une digue insurmontable, à ce déluge d'irréligion, le secondèrent le plus souvent, les uns par leur négligence, les autres par leurs scandales. Aussi, bientôt toute la nation fut pervertie; bientôt, comme le dit Isaïe au peuple de Juda, bientôt, depuis la plante des pieds jusqu'au sommet de la tête, il n'y eut plus une partie saine en elle. Depuis le dernier portefaix jusqu'aux premiers dignitaires, tout fut infecté, tout fut corrompu; partout l'on n'aperçut qu'une effroyable corruption qui ne fut arrêtée par aucun remède. Les Pontifes de l'Eglise eurent beau élever la voix ; l'impiété s'écriait : brisons leurs liens superstitieux et rejetons loin de nous leur joug fanatique. *Dirumpamus vincula eorum et projiciamus à nobis jugum ipsorum.* Et la France a brisé le joug du Seigneur, a rompu ses liens et a dit, comme l'infidèle Juda : Je ne le servirai plus : *Non serviam.* Et qu'a fait le Seigneur? Il a dit : Je m'en vais détourner et leur cacher mon visage, je m'en vais les laisser faire et considérer leur fin malheureuse, car ce peuple est un peuple corrompu, ce sont des enfants rebelles. *Generatio enim perversa est et infideles filii.* Il dit : et bientôt abandonnée à son délire, la France, apostate et parricide, se baigne dans le sang de ses rois et de ses Pontifes, proscrit Dieu et son culte, divinise à sa place l'impiété et la débauche, leur immole la vertu, la piété, l'innocence ; et, tombant d'abîme en abîme, jetant dans un même gouffre et les victimes et les bourreaux, va s'ensevelir dans les enfers.................
Aussitôt.......................... vingt peuples s'avancent, armés pour la vengeance ; comme le dit Isaïe, le Seigneur a donné ses ordres à ceux qu'il a consacrés à cet ouvrage;

déjà il a fait venir les guerriers qui seront les ministres de sa fureur. Déjà les montagnes retentissent de cris différents comme d'une multitude de peuples, de voix confuses, de divers rois et de plusieurs nations réunies. « Elles viennent des pays les plus reculés et des extrémités du monde. Le Seigneur marche, et avec lui les instruments de sa fureur, pour exterminer toute la terre. Voilà comme Isaïe prédisait la ruine de Babylone, et voilà à quoi nous nous attendions, il y a un an. Souvenez-vous, comment alors, pour me servir des expressions mêmes du prophète, tous les bras tombaient d'abattement, tous les cœurs se fondaient comme de la cire; comme on était dans la consternation, agité de craintes et d'angoisses; comme on se regardait avec effroi, le visage frappé de terreur; comme on s'attendait à voir, ainsi qu'à la ruine de Babylone, les enfants écrasés sous les yeux de leurs parents, les maisons pillées et brûlées, les femmes deshonorées, le pays ravagé et, ce qui aurait échappé au glaive, en proie à la famine et à la peste[1].

» Mais lorsque tout est perdu, voilà que............. Dieu éloigne la verge de sa fureur et nous montre le sceptre de sa clémence. Tout était en guerre, tout est en paix. Les nations les plus acharnées se donnent la main et s'embrassent, et, selon l'expression du prophète, le lion et l'agneau demeurent paisiblement ensemble. Au lieu de la flamme qui semblait inévitable, c'est une abondance plus générale et plus grande que jamais...........

» Qui n'aurait cru que la France, touchée de reconnaissance envers Dieu, commencerait à réparer, par sa piété,

---

1. On ne saurait peindre avec plus d'exactitude et d'énergie la situation de la France, à l'époque de la première invasion. Nous avons essuyé toutes ces craintes, éprouvé toutes ces frayeurs, et ce n'était pas sans de graves motifs.

les outrages qu'elle lui avait faits et les maux qu'elle s'était attirés à elle-même par son impiété, et que, comme elle avait donné au monde le scandale de l'apostasie, elle lui aurait donné l'exemple d'un retour sincère.

» Mais qui le croirait d'un peuple qui, depuis vingt-cinq ans, gémit sous le poids des guerres et des révolutions? La paix et l'abondance lui déplaisent......... le joug de la douceur lui pèse ; le retour de la Religion et des mœurs l'irrite ; la piété du roi lui est à scandale ! Sous le gouvernement d'un père il se plaint d'être esclave ; il demande la liberté, non pas la liberté de faire le bien, mais la licence de faire le mal..... Enfin, il semble que la haine de Dieu, de la religion et de la paix lui fait désirer (pour chef) un homme qui n'aime ni Dieu, ni la Religion, ni la paix.................

» A quoi pouvions-nous alors naturellement nous attendre? A voir la France déchirée par des convulsions intestines, au dehors envahie de toutes parts, ne cédant à la force des armées étrangères que des villes incendiées, des campagnes dévastées, que des ruines ; expirer après une longue agonie, et ne laisser après elle, comme Sodome et le peuple Juif qu'un nom abhorré et des restes fumants, pour attester aux siècles à venir et l'excès de son impiété, et la vengeance du Ciel. Mais Dieu la sauva encore une fois malgré elle.......

» Ah! n'allons pas de nouveau irriter sa colère par notre aveuglement et notre ingratitude, en méconnaissant et sa vengeance et sa miséricorde. N'imitons pas l'effroyable endurcissement du peuple Juif, sans quoi le Seigneur nous frappera de la même ruine. Deux fois déjà l'année passée, nous avons parlé de l'endurcissement du peuple déicide et de l'effroyable anathème dont Dieu le frappe encore ; et nous avons vu que nos crimes, notre impiété,

notre ingratitude nous rendaient aussi coupables et dignes
du même sort. Les menaces du Seigneur vous ont alors
paru exagérées. Aujourd'hui, néanmoins, vous les voyez
accomplies en partie, après avoir été sur le point de les
voir s'exécuter à la lettre. Gardons-nous donc d'attirer sur
nous la plénitude de sa vengeance par une dernière ingrati-
titude; et prenez garde, après nous avoir déjà si profondément abaissés, son bras est encore armé, son bras est encore levé et appesanti sur nos têtes. Il attend, le Seigneur,
il attend ou notre repentir, ou notre impénitence finale,
pour achever de nous sauver ou de nous détruire.

» Humilions-nous donc sous sa main puissante et, au lieu
de nous accuser, de nous maudire, de nous persécuter les
uns les autres, comme faisaient les Juifs à la ruine de Jérusalem, reconnaissons la véritable cause de nos malheurs,
notre oubli de Dieu, notre impiété, nos vices, nos désordres, voilà la vraie cause des maux que nous souffrons; les
hommes de quelque nation, de quelque opinion qu'ils
soient, ne sont que des instruments, que la verge de justice
dans la main du Seigneur.

» Venez donc, prosternons-nous à la face de Dieu :
pleurons en présence du Seigneur qui nous a faits, et
crions du fond de nos âmes : Pardonnez, Seigneur, pardonnez à votre peuple, *Parce, Domine, parce populo tuo,*
et ne vous mettez pas en colère contre nous pour toujours.
Ne cherchons point à nous excuser en accusant les autres,
confessons tous ensemble nos iniquités à Dieu, reconnaissons humblement que nous sommes coupables, que
nous avons mérité tous ces châtiments et bien davantage.
Et comme Daniel le suppliait au nom du peuple de Juda,
captif à Babylone, disons-lui tous ensemble : O vous, qui
êtes notre souverain maître! Dieu fort, Dieu grand et ter-

rible! qui gardez votre alliance et votre miséricorde envers ceux qui vous aiment et qui observent vos commandements, mais qui châtiez avec rigueur ceux qui vous abandonnent; nous avons péché, nous avons commis l'iniquité, nous avons fait des actions impies, nous nous sommes révoltés contre vous et retirés de la voie de vos préceptes et de vos ordonnances! Nous avons commis des crimes qu'aucun peuple de la terre n'avait encore commis; la justice est à vous, Seigneur; vous avez le droit de nous humilier, de nous abattre, de nous détruire, et nous n'avons pas celui de nous plaindre; et quand nous verrions nos maisons pillées et brûlées, comme nous avons pillé et brûlé vos temples, quand nous verrions nos amis et nos proches tomber sous le glaive, comme nous avons envoyé sous la hache du bourreau vos amis et vos serviteurs, le front humilié dans la poussière, nous n'aurions autre chose à dire, sinon : Vos jugements sont justes, ô Seigneur, vos jugements sont justes. Oui, quand vous nous traiteriez comme Sodome et Gomorrhe, quand vous nous effaceriez de dessus la terre, votre vengeance serait encore au dessous de nos crimes. La justice vous appartient, et à nous il ne reste qu'une confusion éternelle devant Dieu et devant les hommes.

» Mais à vous, Seigneur, à vous, qui êtes notre Dieu, appartient encore la miséricorde et la grâce de la réconciliation. Ah! pour la gloire de votre nom, pour l'amour de vous-même et dans la multitude de vos miséricordes, ayez pitié de votre peuple, pardonnez aux coupables en faveur des innocents.. Mais, hélas! ne sommes-nous pas tous coupables?

» Cependant, Seigneur, vous vous êtes encore réservé, dans le secret de votre face, bien des âmes fidèles qui vous aiment sincèrement, qui sont prêtes à donner leur vie pour l'amour de vous, qui gémissent et vous conjurent, nuit et jour pour toucher les entrailles de votre miséricorde. Ah ! écoutez leurs prières, leurs gémissements et leurs larmes. Ecoutez encore les prières de vos saints martyrs, nos frères, qui ont versé leur sang, dans notre pays, pour la gloire de votre saint nom ; écoutez leur sang innocent, criant miséricorde pour leur patrie. Mais surtout laissez-vous fléchir par l'intercession de Marie, la Reine du Ciel, le secours des Chrétiens, la Consolatrice des affligés, le Refuge des pécheurs, la Reine et la Protectrice de la France.

» Ou si absolument vous voulez nous châtier comme nous le méritons, si vous voulez nous détruire ! Ah ! détruisez-nous comme vous avez détruit Ninive. Détruisez en nous l'impiété, l'ingratitude, nos vices et nos iniquités ; changez-nous en un peuple nouveau. Oui, Seigneur, convertissez-nous vous-même et nous nous convertirons, et nos jours se renouvelleront comme au commencement. Et des débris de la France impie sortira une France nouvelle, une France chrétienne, qui sera de nouveau le premier des royaumes en gloire en puissance, comme elle le sera en piété et en attachement à la foi[1]. »

Un puriste trouverait facilement à reprendre en ce discours, sous le rapport de certaines expressions et du style. Mais peut-il être question d'arguties grammaticales à l'audition d'oracles reproduits du foudroyant Isaïe et de leur application écrasante d'exactitude et d'à-propos. Etudions plutôt l'adresse de l'orateur qui, voulant faire entendre, à des oreilles rendues fort susceptibles d'irritation par les événements politiques, de sévères vérités, en emprunte la formule à l'Esprit-Saint lui-même et ne fait que la tra-

1, Discours imprimé chez Guibal, à Lunéville.

duire dans l'idiôme de ses auditeurs? Voyons surtout à quelle hauteur il s'est placé pour dominer les partis qui divisaient alors la France et que nous avons vus dans un état bien effrayant d'agitation. Au moment où ils se maudissent et s'accusent, réciproquement des malheurs de la patrie et ne songent qu'à venger, les uns sur les autres, de lamentables catastrophes et de cruelles déceptions, le ministre de Dieu, s'adressant indistinctement à tous, leur fait entendre ces paroles : Cessez de vous accuser, de vous maudire, de vous persécuter; ce n'est pas parce que vous marchez sous des bannières de diverses nuances, c'est parce que, tous, vous êtes pécheurs, que vous êtes malheureux. « La véritable cause de nos malheurs, c'est notre » oubli de Dieu, notre impiété, nos vices, nos désordres. » Les hommes de quelque opinion qu'ils soient, ne sont »que des instruments dans la main du Seigneur. » Que devient alors la politique humaine? Et vont-ils encore se déchirer pour une substitution de personnes, ces hommes qui se trouvent désormais courbés sous un même niveau de culpabilité? On le sait : rien de capable de rapprocher les plus acharnés ennemis, comme l'imminence d'un commun danger. Or, voici tout un auditoire on ne saurait plus coupable, en présence d'un inflexible juge, dont le bras armé est levé pour frapper. « Il attend, le Seigneur, » ou le repentir ou l'impénitence pour achever de sauver » ou de détruire » ceux qui l'ont offensé! Ne se réuniront-ils pas pour crier miséricorde, et le désir d'un pardon gégéral ne leur fera-t-il pas oublier de pitoyables divisions?

Nous avons omis ce qui, dans ce remarquable discours, a rapport à la rentrée des Bourbons; peut-être, et même sûrement, aujourd'hui, quelques personnes trouveraient exageré ce qu'en a dit le prédicateur, à moins qu'ayant déjà vécu, elles ne se reportassent, par le souvenir, aux jours où ce prône a été prononcé et aux idées alors publiquement professées. Nous n'avons voulu entendre que l'homme de Dieu, le prophète inspiré qui, vivement touché du malheur de son peuple, lui en montre le principe et l'exhorte à mettre en usage l'unique moyen d'éviter une ruine totale et une terrible mort.

M. RENARD

à la Révolution de Juillet.

Les hommes attentifs et réfléchis n'ont pas oublié à quels cris et par quels actes fut inaugurée la Révolution de Juillet. Ils n'ont pas effacé de leur souvenir que, particulièrement en notre pays, en même temps que de prétendus patriotes se couvaient d'un uniforme respectable, garantie de moralité et de stricte discipline, prenaient pour devise ces deux mots sacramentels : LIBERTÉ, ORDRE PUBLIC; ils insultaient les prêtres, outrageaient la religion dont ils faisaient disparaître les signes extérieurs par violence ou par ruse, et rendaient le clergé responsable, envers la France, de ce qu'ils appelaient les errements et les crimes du gouvernement qu'ils avaient renversé. Ils se rappellent encore comment, certains chefs d'administration civile, distribuaient les emplois ecclésiastiques; comment un simple commissaire de police interdisait à un curé de paroisse de prononcer, dans la prière publique, seulement le titre de l'Evêque diocésain, et menaçait de l'ostracisme un clerc qui lui refusait cette puissance et priait pour son légitime supérieur; comment sur les dénonciations les plus invraisemblables et les plus absurdes, les presbytères étaient violés et leurs paisibles habitants poursuivis, injuriés, maltraités.

Ce fut, néanmoins, en de telles conjonctures, le 1er janvier 1832, que M. le Curé de Lunéville, craignant pour ses paroissiens « l'influence de doctrines aussi mensongères qu'elles sont funestes, vint, avec une affection toute paternelle raviver, au milieu d'eux, l'esprit de religion, rallulumer le flambeau de la foi dans les cœurs, ranimer le courage de ceux qui, par respect humain, n'osent remplir leurs devoirs, remettre en honneur, dans toutes les classes, les bonnes mœurs et la piété, et montrer à tout le monde que : sans le règne de Jésus-Christ, il n'y aura jamais ni paix ni bonheur, ni *ordre, ni liberté*.

Sa franchise n'a pas laissé ignorer que son « discours n'est presque qu'une analyse de celui que M. Frayssinous a prononcé à l'Académie française, le 25 août 1817; » s'il a livré au public cette répétition arrangée à sa manière, c'est qu'elle renferme des principes qui sont éternels et que plusieurs personnes ont pensé qu'il en résulterait quelque bien. Voici ce discours auquel son auteur a donné pour épigraphe : « *Que sans la Religion, l'ordre et la liberté sont impossibles.* » En le lisant avec quelque attention, il sera facile de reconnaître le langage d'un père alarmé, qui n'a de santé, de force, de moyens que pour travailler à la sanctification et au salut de ses enfants; celui du penseur chrétien dont les idées dominent les mesquines passions d'une époque ou d'un parti; celui enfin du prédicateur indépendant et digne, qui n'appréhende point de proclamer des vérités qui peuvent bien, pour le moment, heurter des intelligences enténébrées; mais qui n'en sont pas moins l'unique sauvegarde des cités et des nations.

« Mes Chers Paroissiens,

» En finissant une année où nous avons eu tant à gémir sur le dépérissement de la foi, des mœurs et de la piété; en en commençant une autre où nous avons encore tout à craindre de la désastreuse influence des mauvaises doctrines, je viens, comme un père tout alarmé du danger de ses enfants, tâcher de vous prémunir contre ces doctrines aussi mensongères qu'elles sont funestes. Persuadé que, dans ce jour qui est comme une fête de famille, tous écouteront, non seulement sans prévention, mais avec une piété toute filiale, des avertissements tout paternels, je viens vous ouvrir mon cœur; vous parler de mes cruelles inquiétudes; vous dire toute ma pensée, et en même temps toutefois vous offrir mes vœux.

» Ah! vous savez combien ils sont sincères! combien je vous suis dévoué! combien il est vrai que rien ne m'a jamais coûté, que rien encore ne me coûterait, pour pouvoir vous rendre tous heureux, et dans le temps et dans l'éternité; mais surtout dans l'éternité; mais par-dessus tout, pour vous sauver de l'enfer, pour vous conduire au Ciel par la voie de la vertu et de la piété!

» Oh! oui, vous le savez : depuis près de trente ans que Dieu m'a placé parmi vous, je n'ai vécu que pour vous; je n'ai eu de santé, de force, de moyens que pour travailler sans relâche à votre sanctification et à votre salut. Les années, en s'écoulant avec une rapidité qui étonne, n'ont point attiédi mon cœur : il ne bat, il ne battra jusqu'au dernier soupir que pour votre bonheur; il ne brûle que du désir de vous voir les uns et les autres, et tous successivement, arriver à la patrie céleste. Je sens même que tout ardent qu'ait toujours été ce désir de mon amour pour vous, il semble se renouveler encore avec plus d'ardeur à ce renouvellement de l'année.

» C'est dans ces dispositions qu'avec une affection toute paternelle, je viens, comme je l'ai dit, vous offrir les vœux que sans cesse j'adresse pour vous au souverain dispensateur de toute grâce et de tout bien. Puisse sa bonté les exaucer enfin! et, si cette année doit être la dernière que j'aie à vous consacrer, daigne le Dieu, auteur de tout don parfait, bénir efficacement mes derniers efforts, et se servir de mon ministère pour raviver l'esprit de religion dans cette paroisse qui m'est si chère ; pour rallumer le flambeau de la foi dans les cœurs où il est malheureusement éteint ; pour ranimer le courage de ceux qui en conservent encore le sentiment, et qui, par respect humain, n'osent en remplir les devoirs ; pour remettre en honneur dans toutes les classes, les mœurs et la piété que les hommes du jour s'acharnent tant à décrier ; en un mot, pour étendre jusqu'à tous l'heureux règne de Jésus-Christ, sans lequel il n'y aura jamais pour nous, ni paix, ni bonheur, ni ordre, ni liberté.

» Voilà ce que ne veulent pas comprendre nos faiseurs de nouveaux systèmes : tandis qu'ils nous parlent sans cesse d'ordre et de liberté ; qu'ils inscrivent ces grands mots sur leurs drapeaux, ils travaillent par leurs exemples, comme par leurs discours, à en saper le seul fondement solide qui n'est autre que la religion.

» Ils méprisent l'expérience des siècles et la sagesse des plus grands législateurs : depuis que le soleil éclaire le monde, toujours une religion, plus ou moins parfaite, a présidé à toutes les sociétés civilisées ; l'histoire du genre humain n'offre pas une seule exception à cette règle fondamentale ; les grands génies de l'antiquité, comme des temps modernes, qui ont fondé les empires, n'ont jamais manqué d'aller chercher au ciel la première et la plus forte sanction des lois par lesquelles ils voulaient constituer et régir les peuples. Tous ont senti et étaient bien convaincus que, pour unir les hommes entre eux par les liens d'une justice réciproque et d'une charité ou au moins d'une bienveillance mutuelle, il fallait avant tout qu'ils fussent fortement unis à Dieu, leur père commun, par les liens de la conscience.

» Quel est donc l'aveuglement des disciples de la nounelle philosophie! Se mettant avec orgueil au-dessus de l'autorité imposante du genre humain tout entier, ils prétendent donner le démenti à tout ce qu'on a cru jusqu'ici! Ils veulent fonder l'ordre et la liberté, en déracinant la religion du sol de la patrie ; en fermant nos séminaires pour éteindre le sacerdoce et, avec lui, cette religion sainte et protectrice de nos pères, qui ne peut ni s'exercer, ni se perpétuer sans ministres!

» Mais, vains efforts d'un déplorable délire, dont quarante ans de malheureux essais auraient dû nous guérir pour toujours! Non, M. C. F., non, jamais vous n'aurez ni ordre constant, ni liberté réelle sans la religion. D'abord, point d'ordre public qui soit stable : pour le fonder d'une manière durable, qui, dans le présent, nous préparât un heureux avenir, il faudrait l'établir par des institutions écrites, non sur le papier, mais dans la conscience des peuples ; par des institutions capables, non par la force de la police et des gendarmes, mais par la force morale, de contenir les passions turbulentes, de prévenir les dissensions, les émeutes, les troubles civils, l'anarchie et les maux qu'elle entraîne.

» Or, de telles institutions sont impossibles sans la religion, sans la croyance ferme et sincère de ses vérités éternelles. La raison en est vivement sentie par tous les bons esprits : tous reconnaissent, tous répètent d'une voix unanime, que l'ordre public repose sur la loi ; que la loi repose sur la morale, et que la morale repose sur la religion. Donc, sans la religion point de morale, sans morale point de loi, et sans loi point d'ordre public. C'est ce qui a fait dire à un des plus illustres orateurs de nos jours, ces paroles remarquables : *La religion est la vie du corps politi-*

que; elle ne lui laisse que le choix, ou de se conserver avec elle, ou de se dissoudre sans elle.

» En effet, mes Frères, n'en doutez pas : si on continue à décrier la religion, à en détourner les hommes, à empêcher qu'elle exerce sur les populations son empire salutaire qui ne peut être remplacé par rien; si, par l'exemple de ceux qui donnent l'élan dans la société, comme dans les maisons d'éducation, il est toujours du bon ton de ne prendre aucune part au culte de Dieu, de ne jamais paraître à l'église, de dédaigner tous les devoirs de la religion, tous les exercices de la piété ; si, en s'opposant d'un côté à la continuation des études ecclésiastiques par l'injuste et tyrannique clôture de nos séminaires, on persévère d'un autre côté, dans les colléges et les écoles, à ne faire que cultiver l'esprit de la jeunesse par l'enseignement des sciences humaines, sans s'inquiéter d'en former le cœur par une conviction forte des vérités de la foi, par le sentiment de l'amour qu'on doit à Dieu, par le goût de son service, par la crainte de lui déplaire, par la pensée réfléchie de l'éternel avenir; en un mot, par une délicatesse de conscience qui lui fasse trouver son bonheur dans les charmes de l'innocence et dans l'accomplissement de ses devoirs; oui, si, par le concours des grands et des petits, des maîtres et des élèves, par tout cet ensemble de moyens, on parvient, comme cela n'est que trop à craindre, à faire triompher entièrement l'irréligion, à la faire passer de la cité dans le hameau, à la rendre populaire, alors, je ne crains pas de le prédire : plus d'ordre public, plus de repos, ni de sécurité pour la société.

» Après avoir affranchi les masses de toute crainte de Dieu ; après avoir brisé jusqu'au dernier ressort de la conscience des hommes, l'irréligion, avec ses maximes har-

dies, remuera bientôt dans le cœur des peuples tout ce
qu'il y a de passions désordonnées ; elle les rendra plus inquiets, plus indociles, toujours plus disposés aux séditions
et aux émeutes ; elle les irritera contre le joug des lois et
de l'autorité ; elle augmentera la jalousie haineuse du pauvre contre le riche ; elle relâchera même tous les liens domestiques ; elle tendra ainsi sans cesse à porter le trouble
et le désordre dans les familles, comme dans la société.
Rien ne sera plus commun que de voir des époux sans fidélité et sans union ; des enfants sans respect et sans
obéissance ; des serviteurs, des ouvriers sans conscience et
sans probité. On verra plus que jamais des êtres contre
nature, n'étant plus retenus par le frein d'une éducation
religieuse, connaître, dès leur plus tendre jeunesse, les ru-
ses et l'audace du crime ; présenter devant les tribunaux
épouvantés, le plus hideux de tous les spectacles : celui des
forfaits dans l'âge même de la candeur et de l'innocence.
On verra les malfaiteurs de tout genre qui se multiplieront
à l'infini, et qui, débarrassés de toute crainte de la justice
divine, se flatteront toujours d'échapper à la justice humaine, ou qui la braveront en calculant froidement qu'a-
près tout, le temps du supplice sera court, et marcheront
ensuite à l'échafaud, portant sur le front, non la honte et
la pâleur du crime ; mais presque le calme de la vertu et
donneront ainsi, au peuple, l'effrayant spectacle de coupables qui meurent sans crainte et sans remords. On verra
dans toutes les classes, des hommes qui formeront les projets les plus iniques, les plus insensés, les plus désastreux
peut-être pour la patrie, dans la pensée que tout finit au
tombeau, et que, s'il le fallait, ils sauraient bien, par le
suicide, se soustraire au châtiment et à l'opprobre. Enfin,
avec l'irréligion devenue dominante, on verra plus que ja-

mais de toutes parts, des hommes avides, égoïstes, qui, détournant leurs regards des biens de la vie future, n'en seront que plus dévorés d'ambition pour les biens de la vie présente ; qui ne se feront aucun scrupule de les acquérir par tous moyens, même les plus injustes, et qui, aussi insensibles aux maux de leurs semblables qu'incapables du moindre sacrifice pour le bien général, se livreront aux penchants les plus vils, les plus ignobles, et souvent à tous les désordres qui sont les fléaux des états, comme des familles. Tel sera le bel ordre public qui résultera nécessairement des doctrines de l'impiété et de l'irréligion.

» Eh! plût à Dieu que je n'aie exprimé ici que des craintes imaginaires! Mais malheureusement ces craintes ne se réalisent déjà que trop : j'en appelle à tous ceux qui observent la marche de la société, à l'homme public, aux magistrats chargés de la police, à ceux qui sont armés du glaive de la loi contre les malfaiteurs, et je leur demande : n'est-il pas vrai que l'affaiblissement des sentiments religieux a déjà rendu plus commune et plus précoce la corruption des mœurs, aussi bien que les désordres et les délits de tout genre? N'est-il pas vrai qu'avec le dépérissement de la religion, on a déjà vu se multiplier bien davantage les crimes du suicide, de l'infanticide, de l'adultère, du concubinage, des enfants illégitimes, du vol et de toutes les injustices?

» Que sera-ce donc, quand la génération présente, qui est encore maîtrisée et maintenue, jusqu'à un certain point, par des impressions chrétiennes reçues dans la première éducation, aura fait place à la génération nouvelle à qui on ne parle de la religion que par forme, que pour ne pas trop effrayer tout d'un coup les anciennes croyances; mais, non pour qu'elle en soit pénétrée, et qu'elle soit chrétienne? Que sera-ce, mes frères? vous pouvez déjà en juger par vous-mêmes : considérez la génération qui s'élève; voyez quel germe effrayant de passions et d'indépendance fermente dans le cœur de la jeunesse! Où trouverez-vous maintenant cette modestie, cette douceur, cette docilité qui devraient caractériser le premier âge? N'êtes-vous pas, comme nous, effrayés autant qu'affligés de l'indomptable dissipation de cette jeunesse, et des inclinations perverses dont chaque jour elle fait preuve. Considérez surtout cette classe d'infortunés que l'insouciance de leurs pères et mères, encore plus que leur pauvreté, prive de toute éducation religieuse : quel spectacle vous frappe de toutes parts! Le blasphème est sur les lèvres de l'enfance, l'effronterie dans ses regards, le libertinage dans sa conduite; rien ne l'arrête : ni le respect des personnes, ni la bienséance naturelle des mœurs, ni l'autorité paternelle. N'est-ce pas dans cette jeunesse qui grandit sans Dieu et sans religion, que le crime trouve déjà parmi les garçons, des élèves et des complices; et que parmi les filles, la corruption trouve des victimes sans nombre, qui portent encore la candeur sur le front, mais dans le cœur, la dépravation la plus désolante? Aussi je le prévois avec douleur : c'est dans cette génération étrangère à tous principes religieux, que les artisans de révolutions trouveront un jour des hommes tout prêts, pour couvrir encore une fois la patrie de crimes, de désolation et de ruines.

» O vous! qui élevez la voix avec l'éclat de la trompette, pour prêcher la haine et le mépris de la religion; qui calomniez les pasteurs, pour empêcher qu'on ne les écoute, n'ouvrirez-vous point les yeux tandis qu'il en est encore temps? Ne verrez-vous l'affreux cahos d'anarchie, l'abîme sans fond de malheurs où vous poussez le corps social, que quand vous l'y aurez plongé tout entier? Ah! ne rougissez pas de reconnaître votre erreur : vous voulez l'ordre public ; mais puisqu'il est impossible sans la religion, il faut donc revenir franchement à cette religion protectrice et nécessaire, qui, *chose admirable!* s'écrie un savant[1], *la religion, qui semble n'avoir pour objet que la félicité de l'autre vie, seule encore fait notre bonheur dans celle-ci.*

» Vous voulez aussi la liberté ; mais, par les mêmes raisons, ou plutôt par une conséquence rigoureuse, inévitable des mêmes raisons, sans la religion, la liberté n'est pas moins impossible que l'ordre public.

» En effet, qu'entendez-vous par la liberté, vous tous à qui ce mot magique fait tourner la tête? Direz-vous qu'elle consiste à être indépendant de Dieu même ; à ne plus lui reconnaître ni droit, ni autorité sur sa créature ; à ce que les hommes ne soient pas obligés de lui rendre un culte et des hommages? Quoique la conduite d'un grand nombre ne semble que trop faire entendre que telle est leur pensée intime, aucun cependant, j'en suis sûr, n'oserait se l'avouer à lui-même et, encore moins, le dire aux autres. La liberté n'est donc pas l'impiété. Non, mes frères, la liberté civile dont on nous parle tant, qu'on nous promet toujours, qu'on ne nous donne jamais, qu'on n'a point encore bien définie, dont le peuple n'a aucune idée juste, et que la jeunesse prend pour le libertinage ; cette liberté si désirable, voici en quoi elle consiste, retenez-le bien : elle consiste à obtenir des dépositaires du pouvoir, des lois qui soient sagement accommodées aux mœurs et aux croyances de la nation ; qui, fondées sur la justice et la morale, soient les mêmes pour tous ; qui, en déterminant les attributions de l'autorité publique, la contiennent dans de justes limites,

1. Montesquieu.

aussi bien que le peuple dans le devoir; en sorte que, depuis le premier fonctionnaire jusqu'au dernier, aucun ne puisse jamais se permettre des mesures arbitraires envers qui que ce soit, et que, sous la protection de ces lois tutélaires, chacun ait la paisible jouissance de sa personne, de ses biens, de ses droits et sur tout de son culte.

» Voilà la plus grande somme de liberté à laquelle on puisse prétendre, même dans une société qui est arrivée au plus haut degré de la civilisation. Or, je le répète, cette juste et heureuse liberté est absolument impossible sans la religion. Elle n'est descendue du ciel en terre qu'avec le libérateur du genre humain : la croix de Jésus-Christ est le seul véritable étendard de l'affranchissement général de l'espèce humaine : avant qu'il ait paru, ce glorieux étendard ; avant que la lumière de l'évangile ait dissipé les ténèbres du paganisme, les droits de l'humanité étaient généralement méconnus.

» Les philosophes , comme les législateurs n'avaient même jamais pensé qu'il fût possible d'allier la liberté de tous avec le bonheur de tous. Jusque chez les peuples les plus renommés par la sagesse de leurs mœurs, de leurs coutumes, de leurs lois, de leurs constitutions, la servitude était le triste partage, la honteuse condition du plus grand nombre des humains ; et nous ne voyons pas dans l'histoire, qu'un seul des anciens philosophes ait réclamé contre cet abominable esclavage. Au contraire, les chefs de la Grèce, les savants de l'Aréopage, ces fiers républicains avaient formellement décidé et légalement déclaré que, parmi les hommes, les uns naissent pour la liberté et les autres pour la servitude. Aussi, dans la seule ville d'Athènes, y avait-il quatre cent mille esclaves, et seulement vingt mille citoyens libres, encore appelait-on citoyens bâtards, les esclaves qui avaient été affranchis. Il en était de même à Sparte et dans toutes ces anciennes républiques si vantées pour leur amour de la liberté ; jusque dans la superbe Rome, le nombre des esclaves n'y était pas dans une moindre proportion, et leur condition n'était guère différente de celle des bêtes de somme : on frissonne en lisant la manière dont ces malheureux étaient traités.

» Tel était le droit commun de toutes les nations avant le christianisme ; tel est encore celui des nations qui ne sont pas chrétiennes. Il n'y a que l'évangile de Jésus-Christ, cette loi divine de charité, de douceur, de fraternité, qui ait fait comprendre aux dominateurs des peuples, combien ce dégradant et dur esclavage est contraire à la loi naturelle et à la dignité de l'homme. C'est à la voix des prédicateurs de ce saint évangile que, partout où ils ont pu pénétrer, les fers des diverses populations furent successivement brisés[1]. *Après le baptême,* s'écrie le grand Paul, *il n'y a plus parmi vous ni juifs, ni gentils, ni maîtres, ni esclaves ; vous n'êtes tous qu'un seul corps en Jésus-Christ.* Voilà les premières paroles de liberté qui aient retenti avec puissance dans l'univers, et qui, répétées de royaume en royaume, comme de siècle en siècle, ont fait rentrer l'humanité dans ses droits.

» Notre belle France surtout n'est devenue la première des nations du monde, que par la foi en Jésus-Christ : avant que son divin flambeau ait éclairé nos contrées, nos pères croupissaient dans l'état le plus déplorable d'abrutissement et de servitude. Mais lorsque la religion est venue s'y établir, comme une reine bienfaisante ; lorsque le Prêtre chrétien est venu y prendre la place de l'ancien Druide,

---

1. Galat. 3, 27, 28.

comme tout a biéntôt changé de face! Ce beau pays qui, auparavant, n'avait pour toute forme de gouvernement que des coutumes atroces; avec le secours de l'évangile, est devenu ce que nous l'avons vu, ce que nous devrions toujours le voir, le centre de la civilisation, de la vraie politique, des sciences surtout, et de tous les arts utiles ou agréables.

» Quelle est donc l'ingratitude de tous les déserteurs de l'église, qui ne montrent que du mépris et comme de la haine pour une religion qui leur a fait tant de bien, et dont ils retirent encore chaque jour tant d'avantages, sans le savoir comme sans le mériter! Quelle est l'aveugle folie de ces nouveaux apôtres de liberté, qui prétendent la fonder sur les doctrines d'une philosophie incrédule? Ah! si, par un triomphe à jamais exécrable, l'impiété vient malheureusement à bout de détruire la foi de nos pères; si la religion vient à perdre son empire sur la conscience des peuples, c'en est fait de la liberté comme de l'orde public : le déchaînement des passions les plus désordonnées, des vices les plus audacieux, des excès de tout genre, rendra bientôt nécessaires les moyens de répression les plus violents; parce qu'ils seront les seuls efficaces. Il faudra des lois de fer pour contenir un peuple sans crainte de Dieu et sans religion; au lieu d'autels, il faudra des cachots ; au lieu de l'évangile, un code de supplices effrayants; au lieu de pasteurs, des gendarmes et des bourreaux. Il n'y aura plus de justice que dans la force, plus de tranquillité que dans la terreur et la servitude. Et voilà comment, avec leurs systèmes d'irréligion, nos imprudents novateurs feront retrograder le monde social vers la barbarie, pour le replonger ensuite dans toute la dégradation et tous les maux dont le christianisme a été le seul remède, comme seul encore il peut en être le préservatif. Ainsi pour avoir voulu s'affranchir des lois paternelles du divin libérateur des hommes, la nation redeviendra esclave de quelque despote, et expiera dans les fers sa révolte audacieuse contre le Dieu de ses pères; car c'est pour les peuples impies que sont faits les tyrans.

» Aussi, je l'avoue, quand j'entends nos parleurs de liberté se réjouir de l'affaiblissement de la religion parmi nous, en souhaiter la ruine totale, il me semble voir des enfants sans raison, ou des insensés qui battraient des mains à la vue d'un incendie dont les flammes toujours croissantes seraient au moment de réduire en cendre la maison paternelle.

» Tel sera en effet le résultat inévitable des doctrines incendiaires de l'incrédulité et de l'irréligion, si, pour nous punir de notre trop longue ingratitude et de nos mépris sacriléges, le Dieu des justices nous abandonne à cet esprit de vertige et d'erreur qui, en multipliant chaque jour les vices les plus honteux, en lâchant la bride à toutes les passions, avilit les âmes, les façonne à l'esclavage, les pousse à l'anarchie et engendre bientôt le despotisme, comme seul remède à la dissolution totale de la société. Hélas! n'en avons-nous pas eu déjà un assez terrible exemple?

» Hâtez-vous donc, mes Frères, de prévenir cette affreuse désorganisation sociale et tous ces malheurs, en recourant au Dieu de vos pères, en implorant son secours avec un renouvellement de zèle et d'amour, de piété et de ferveur. Repoussez avec horreur et de toutes vos forces, ces doctrines perverses de l'impiété, sous quelque forme qu'elles se présentent. Ne vous contentez pas de fermer l'oreille aux déclamations injurieuses de ceux qui, par haine de la religion, et pour la décrier, ne rougissent pas de recourir aux calomnies les plus absurdes, comme les plus in-

justes; mais tenez-vous également en garde contre l'entraî-
nement de ceux qui, plus politiques, vous détournent de
cette religion divine et nécessaire, par l'exemple d'une
froide et dédaigneuse indifférence.

» Avec le temps elle ne vous conduirait pas moins infailliblement aux mêmes désordres et aux mêmes malheurs;
cette indifférence systématique qui, non contente de faire
négliger les devoirs les plus indispensables de la piété chrétienne, ne tend qu'à neutraliser la force de la foi en confondant tous les symboles; qui, en se couvrant du beau
nom de modération, rend suspecte toute espèce de zèle, et
crie à l'intolérance, dès que la vérité veut élever la voix
contre l'erreur; enfin qui, sous prétexte de tranquilliser
les consciences, par une capitulation tacite avec les plus
fausses doctrines, ébranle toutes les certitudes, et ne tran-
quillise que les vices. O indigne! honteuse transaction!
mère funeste de l'athéisme destructeur! trêve trompeuse!
qui ôte aux âmes l'énergie de la vertu, en leur ôtant leur
conviction; qui mine à petit bruit les étais seuls solides de
l'ordre social, en brisant les ressorts seuls puissans de la vie
morale : qui relâche tous les liens civils, en relâchant tous
les liens religieux; et qui, en ruinant ainsi tout le fondement de bien croire, sape du même coup tout le fondement
de bien vivre.

» Non, mes Frères, ne vous laissez point prendre au ton
doucereux de ces indifférents qui regardent cette déplorable confusion de principes comme le complément de la sagesse humaine; qui croient avoir saisi par là le nœud de
toutes les difficultés morales et politiques; qui se persua-
dent avoir assez répondu à toutes les réclamations de la foi
catholique, quand, imitant ces faux prophètes dont parle
Jérémie, ils ont dit et répété : mais la paix, la paix! alors

même qu'il ne peut pas y avoir de paix; et comme si les
vrais ennemis de la paix n'étaient pas ceux qui, sous prétexte d'union et de concorde, placent sur la même ligne la
vérité et le mensonge, prônent indifféremment toutes les
doctrines, ébranlent toutes les bornes posées par nos pères, et remuent ainsi au fond des cœurs les sentiments inquiets et les pensées séditieuses! comme si une paix d'indifférence, qui tue la vertu jusque dans son dernier germe,
pouvait jamais nous être utile et profitable! Enfin, comme
si la langueur était la paix! l'apathie, la paix! l'engourdis-
sement de toutes les facultes morales, la paix! à ce prix,
hélas! la mort aussi n'a-t-elle pas sa paix, et les tombeaux,
leur tranquillité?

» Non, mes Frères, cette paix si désirable ne se trouve
que dans l'accord, et non dans la confusion des principes;
elle est dans la charité de Jésus-Christ, et non dans la politique des indifférents; elle est dans la vérité qui unit, et
non dans l'erreur qui divise : toute autre paix n'est pas la
paix, c'est le calme perfide avant-coureur de la tempête;
ce n'est pas édification, c'est destruction; ce n'est pas le
triomphe de la civilisation, c'est l'angoisse de son dernier
soupir; par conséquent ce n'est pas la santé des empires,
c'est leur consomption; c'est le symptôme le plus certain
de leur prochaine décadence; c'est la maladie attachée à
leur dernière décrépitude; c'est par là qu'ils périssent
tous.

» Voulez-vous donc que notre belle France ne périsse
pas dans de nouvelles convulsions? Voulez-vous qu'elle
parvienne à se rasseoir sur un fondement solide? Voulez-
vous faire renaître la confiance, voir cesser le malaise général qui vous tourmente, et opérer l'heureux rajeunisse-
ment de la patrie? revenez tous avec un zèle égal à la

religion protectrice et puissante qui fit tout le bonheur de vos pères, et qui seule encore peut faire le vôtre. Il n'y a que ce moyen de retremper les âmes, d'en remonter tous les ressorts usés, de redonner aux bonnes mœurs une vigueur nouvelle, et à la foi publique un nouveau garant. Nous en avons la preuve dans l'expérience des siècles : tandis que dans le dévergondage de l'impiété, comme sous l'ombre froide et mortelle de l'indifférence, les esprits s'égarent, les âmes se dessèchent, les cœurs se flétrissent, les sentiments nobles s'éteignent, les vertus périssent, tout se meurt ; sous la féconde influence de la religion, au contraire, tout revit, tout se ranime, le cœur se dilate, s'agrandit, s'élève au-dessus de la région commune de la cupidité, et c'est alors qu'on voit de ces âmes magnanimes qui, s'oubliant elles-mêmes, ne vivant que pour les autres, enfantent sans efforts, et comme naturellement, des prodiges d'héroïsme dans tous les genres de vertu, de dévouement, de courage et de bonnes œuvres.

» Concevez-le donc bien, mes Frères, et attachez-vous plus que jamais aux principes sacrés de la foi en Jésus-Christ ; à ces doctrines célestes et conservatrices du saint évangile qui, par tant de motifs, doivent vous être si chères. Que cette époque du renouvellement de l'année devienne aussi l'heureuse époque du renouvellement de vos cœurs ! que, justement effrayés des maux, des désordres, des calamités sans nombre que ne manqueraient pas d'attirer sur la patrie les doctrines subversives de l'incrédulité, tous se repentent avec un vif regret de n'en avoir pas eu assez d'horreur, d'y avoir peut-être trop prêté l'oreille, et de s'en être laissés, ou égarer dans leur croyance, ou affaiblir dans leur piété ! que tous, désabusés de ces folies d'un siècle en délire, et revenus de ce premier égarement, reprennent les devoirs et les exercices de la sainte religion de nos pères avec un zèle plus courageux, avec une ferveur toute nouvelle! Que cette religion bienfaisante, mère féconde de toutes les vertus, reprenne aussi son heureux et puissant empire sur la morale publique; qu'elle règne dans les cœurs pour apaiser les haines et les dissensions; qu'elle règne dans les familles pour y maintenir la paix et les bonnes mœurs; qu'elle nourrisse dans le riche, l'humanité; dans le pauvre, la résignation; dans le magistrat, l'intégrité; dans le peuple, la soumission aux lois; dans tous, la probité; et c'est alors, mais alors seulement que l'autorité pourra être tutélaire, sans être despotique; et que la sécurité générale, l'ordre public pourront s'allier sans danger avec la liberté de tous. Tels sont, mes Chers Frères, les vœux ardents et continuels d'un pasteur qui est tout à vous; qui, quoiqu'il arrive, y sera toujours, à la vie et à la mort, et qui ne travaillera jamais que pour votre bonheur; mais surtout, je le répète, pour votre bonheur de l'éternité[1]. »

---

1. Discours imprimé et mis en vente au profit des pauvres vieillards. Guibal, à Lunéville, 1852.

M. RENARD ET LES DRAPEAUX.

Une simple complaisance, résultat de trop de faiblesse, d'un excès de bonté ou d'une simple irréflexion peut entraîner de la part d'un dignitaire en exercice, les conséquences les plus graves et les plus pénibles pour ceux que la Providence appelle à lui succéder. C'est afin d'éviter les abus, c'est pour soustraire ses ministres à d'étranges embarras, et non du tout par aveugle et brutale intolérance que l'Eglise catholique, toujours divinement inspirée, repousse avec une persistance que rien ne saurait fatiguer, jusqu'aux moindres innovations dans sa liturgie sainte, dans ses augustes et sacrées cérémonies.

En 1815, plusieurs dames de Lunéville eurent la pensée de faire placer, dans l'intérieur de l'Eglise, un drapeau blanc. Elles s'adressèrent, en conséquence, au vénérable M. Blampain qui, ne voyant pas, d'abord, grand inconvénient en telle manifestation et ne voulant pas contrarier d'honorables paroissiennes, accorda la permission qu'elles réclamaient de son autorité. Le drapeau de la Restauration fut donc arboré dans le lieu saint, avec l'assentiment du Curé, mais, n'en déplaise à certains journalistes mal renseignés ou sciemment calomniateurs, contre le gré du vicaire et malgré sa franche improbation.

En 1830, de fervents zélateurs placèrent, le drapeau de Juillet, à la porte d'entrée et jusque dans le sanctuaire de l'Eglise. Pour légitimer cet acte, ils ne manquèrent pas d'opposer la présence antérieure des emblèmes de la légitimité en pareil lieu. M. Renard répondit par la protestation suivante, qu'il ne formula pas du haut de la chaire, mais qu'il fit imprimer, à la suite du discours qui termine le chapitre précédent, et distribuer dans toute la ville :

« Puisque je suis à parler, je dirai encore un mot à mes chers paroissiens, et ils ne m'en voudront pas. Je leur avouerai donc tout franchement que je ne vois qu'avec la plus grande peine, des drapeaux suspendus au portail, et jusque dans le chœur de notre église. Ceux qui ont voulu les y placer, se sont autorisés de l'exemple qu'on avait donné au moment de la rentrée de Louis XVIII. Il est vrai qu'alors des Dames de la ville avaient fait faire un drapeau, et qu'elles avaient obtenu de M. Blampain la permission de le placer dans le lieu saint, où il n'aurait jamais dû paraître. Mais alors aussi je n'étais que vicaire; et quoiqu'en cela mon vénérable curé se soit conduit, plutôt par la bonté de son cœur que par les lumières de sa raison, il ne m'appartenait pas de contredire ses volontés; je ne pouvais tout au plus que les désapprouver avec modestie et avec tout le respect que m'inspiraient ses admirables vertus. C'est à quoi je m'en suis tenu de son vivant. Mais j'en prends à témoin la ville entière : dès que j'ai été curé, j'ai fait ôter le drapeau de Louis XVIII, comme je ferai ôter celui de Louis-Philippe, dès que je pourrai croire que les esprits sont devenus assez calmes pour être raisonnables, et pour comprendre que dans le sanctuaire de l'Éternel, on ne doit voir que les insignes de sa gloire et de sa religion; qu'à le bien prendre, il est mille fois plus ridicule d'arborer dans le palais du roi des rois, le drapeau d'une royauté terrestre, qu'il ne le serait de faire flotter l'étendard de la croix aux fenêtres des Tuileries, ou la bannière de la sainte Vierge à la porte des casernes. Je dis hautement ma pensée dans l'intention de connaître celle de mes paroissiens. Entièrement dévoué à leur bonheur, j'aimerais mieux porter jusqu'au tombeau la peine qui, depuis un an, me pèse sur le cœur, que de m'exposer à troubler un instant l'heureuse paix dont nous jouissons dans cette ville si distinguée par son esprit de modération.

» Mais, j'ose l'espérer, je ne trouverai pas plus d'obstacles en 1852, pour ôter le drapeau tricolore, que je n'en ai trouvé en 1825, pour ôter le drapeau blanc, les raisons en sont les mêmes. »

RENARD, curé.

Sont-ce là les paroles d'un fanatisme obstiné? Non, ce sont celles d'un prêtre soumis à la puissance établie, d'un pasteur ami de la paix, dont il achèterait le maintien au prix d'un serrement de cœur qui ne l'abandonnerait qu'au tombeau, mais qui ne veut pas tolérer « un abus contraire » à l'esprit de la religion, contraire aux règlements ecclé- » siastiques et aux canons des saints conciles », et qui s'oppose à ce qu'on mette dans la maison de Dieu les insignes des souverains de la terre.

Après une déclaration aussi explicite, M. le curé ne devait s'attendre à aucune opposition sérieuse; d'ailleurs, il eut la précaution de temporiser encore, et ce ne fut qu'au bout de huit mois, lorsqu'il crut les esprits suffisamment éclairés et préparés, qu'il fit enlever les drapeaux du sanctuaire et ceux du portail. Mais il avait jugé par son cœur les champions prétendus de l'*ordre public* et de la *liberté*. Ceux-ci s'agitèrent, ameutèrent, menacèrent; il n'était question pour eux que d'envahir, à main armée, le temple où, probablement, plusieurs d'entre eux avaient reçu le baptême, fait la première Communion, obtenu la bénédiction nuptiale, présenté la mortelle dépouille d'une épouse ou d'une mère et, non pas certes d'en emporter les vases sacrés, comme Héliodore à Jérusalem, mais d'y replacer le drapeau d'un souverain, mortel comme le reste des hommes, le tout au nom de la liberté des cultes et en proclamant séparation définitive entre l'Eglise et l'Etat.

M. Renard, averti de ce qui se tramait, craignit « de voir un plus grand scandale dans le lieu saint et le trouble dans la ville » comme un bon père qui sait prévenir les coupables excès auxquels se livreraient des enfants insensés; afin de leur épargner une confusion tardive et l'ignominie d'une flétrissure légale, il consentit à ce qu'une personne de confiance replaçât, en silence, les drapeaux aux lieux d'où ils avaient été enlevés. Alors les meneurs, probablement encore plus irréfléchis que mal disposés, durent s'arrêter dans l'accomplissement de ce qu'ils estimaient le *plus saint de leurs devoirs*. M. le Curé acheva le sien. Si, en pasteur charitable, il avait fait « une concession à la dure nécessité du temps » en administrateur aussi ferme que sage, il protesta hautement contre d'injustes prétentions et déclara que, du moment où l'on n'aurait plus à redouter la terrible puissance des émeutes...... il emploierait toutes les voies légales pour faire respecter la Maison de Dieu. Un manifeste, daté du 26 septembre 1832 et signé par lui, justifie sa conduite antérieure, annonce ses dispositions présentes et ses desseins pour l'avenir; le voici :

LE CURÉ DE LUNÉVILLE A SES PAROISSIENS.

« D'après ce qui vient de se passer dans la paroisse, j'ai besoin de m'expliquer de manière à être entendu de ceux surtout qui ne viendraient pas m'écouter en chaire; c'est pourquoi j'ai recours à la voie de la presse.

» Personne, ce me semble, ne peut douter de mon amour pour la paix, pour la tranquillité publique, pour le bonheur

de tous : mon cœur est incapable de toute autre disposition : le bien, le bien général est toute sa passion ; je pour-
rais dire aussi, toute sa politique. Depuis trente ans, aucun
sacrifice ne m'a coûté pour en donner la preuve ; et j'avoue
que, par mon dévouement sans bornes à tout ce qui peut
contribuer au bien-être de la ville, je me flattais d'avoir
presque généralement obtenu de mes paroissiens, les sentiments d'un juste retour. Du moins, n'ayant jamais fait le
moindre mal à ceux à qui je n'ai pas eu occasion de faire
personnellement du bien, j'étais loin de me soupçonner des
ennemis ; et jusqu'ici, je ne comprenais pas comment quelques-uns se plaisent tant à me faire de la peine. Mais enfin
je sais le *pourquoi,* et je m'empresse de les détromper ;
parce que, pour le succès de mon ministère, je ne désire
rien tant que de conserver l'affection et la confiance de
tous ceux dont Dieu m'a fait le pasteur.

» Ces messieurs, m'a-t-on dit, ne mettent un si grand
acharnement à vouloir, contre tout droit et contre toute
raison, qu'il y ait des drapeaux au chœur et à la porte de
l'église, que, par la persuasion où ils sont que mon extrême
répugnance à les y souffrir, ne vient que de mon antipathie
pour le nouveau gouvernement. Mais avec un peu de
bonne foi, jugeant ma conduite avec impartialité, ils devraient donc dire aussi que j'avais la même antipathie pour
l'ancien gouvernement ; puisque, dès que j'en ai été le maître, j'ai fait ôter le drapeau blanc.

» Mais, non, je le déclare sincèrement et très-sincère-
ment : ce n'est point par opinion politique que, sous l'ancienne comme sous la nouvelle dynastie, je me suis toujours
opposé, autant que j'ai pu, à ce qu'on mît dans la maison
de Dieu, les insignes des souverains de la terre. Tout mon
motif est d'empêcher un abus contraire à l'esprit de la re-

ligion, contraire aux règlements ecclésiastiques et aux canons des saints Conciles. Ces saints canons, qui sont mon unique règle, défendent expressément d'exposer dans les églises aucun objet profane; ils prescrivent de ne les décorer que d'objets religieux ; et dans tous les siècles, comme dans tous les pays, les souverains, aussi bien que les peuples, ont scrupuleusement respecté ces sages règlements. Aussi n'a-t-on jamais vu de drapeaux dans les églises, pas plus en Russie qu'aux Etats-Unis, pas plus en Angleterre qu'en Espagne, pas plus à Constantinople qu'à Rome, pas plus sous Louis XIV que sous Napoléon.

» Aujourd'hui encore, qu'on parcoure la France; qu'on aille de Strasbourg à Brest, de Dunkerque à Perpignan ; qu'on visite les églises de Paris, comme celles de Nancy, nulle part on ne trouvera de drapeaux dans le lieu saint, pas même dans les temples de protestants ni dans les synagogues de juifs. L'idée bâtarde de faire porter au Roi des cieux, la cocarde des rois de la terre, n'est jamais tombée que dans la tête de quelques habitants de Lunéville, et cet exemple ridicule, que je regarde comme une dérision de la divinité, n'a été imité que par quelques villages voisins, qui prennent cette ville pour leur capitale et leur modèle.

» Mais cet exemple partiel ne prouve rien contre la règle générale et l'usage universel : il ne peut pas faire loi ; il le peut moins que jamais ; car si, sous l'empire d'une charte qui déclarait la religion catholique, religion de l'Etat, le gouvernement a reconnu n'avoir pas le droit de faire arborer les insignes du souverain dans les églises, ce n'est pas sous une charte qui met tous les cultes sur la même ligne, que le gouvernement prétendra jamais avoir ce droit : ce serait agir contre son principe, et attenter à la première de toutes nos libertés. Mais il ne le fera pas ; nous n'en avons point la crainte : au contraire , si, avec la nouvelle charte, quelques modifications pouvaient être faites à notre législation sur la police des églises, des temples, des synagogues, etc., ce ne pourrait être qu'en faveur de leur indépendance. Ainsi, sous Louis-Philippe et ses successeurs, comme sous les anciens rois, il sera toujours vrai que la police de chaque église n'appartient qu'au curé ; que personne n'a le droit d'y mettre ou d'en ôter quoi que ce soit, contre sa volonté; que quiconque se permet d'y faire ou d'y ordonner, n'importe quoi, sans son consentement, porte atteinte à la liberté des cultes, et doit être réprimé par les dépositaires de l'autorité publique.

» Convaincu, jusque dans le fond de mon âme, de la vérité de tous ces justes principes, et ne voulant pas que, dans la suite, on puisse se prévaloir de la concession que je ne fais qu'à la dure nécessité des temps, je proteste hautement contre la prétention de ceux qui se croient en droit d'exiger qu'il y ait des drapeaux à la porte et jusque dans le chœur de l'église. Je déclare que je ne tolère cet abus, que par amour de la paix ; que pour ne pas voir un plus grand scandale dans le lieu saint et le trouble dans la ville. Mais je déclare aussi que, du moment qu'on n'aura plus à redouter la terrible puissance des émeutes, du moment que le gouvernement sera assez fort pour substituer partout le règne des lois à celui de la force brute, j'emploierai toutes les voies légales pour faire respecter la maison de Dieu, comme elle doit l'être, et comme, en qualité de pasteur, je le dois en conscience.

» Puissent mes paroissiens connaître mieux mon cœur, rendre plus justice à la pureté de mon zèle, ne plus s'indisposer contre moi sans motif, et laisser ici, comme ailleurs, la religion jouir paisiblement des droits que la loi lui garantit ! puissent-ils plus encore ! puissent-ils, désabusés de leurs injustes préventions, revenus de leur erreur, s'empresser de la réparer eux-mêmes ! Ce serait me donner une satisfaction que je crois mériter, et dont pourtant je ne serais pas moins reconnaissant. »

Lunéville, le 25 septembre 1832

RENARD, curé[1].

Cette mâle énergie de M. le Curé de Lunéville ne rappelle-t-elle pas celle que déploya Saint Jean Chrysostôme lorsque, à peine revenu d'un premier exil provoqué, puis révoqué par l'influence de l'impérieuse et vindicative Eudoxie, ce courageux docteur s'éleva contre les jeux publics qui se célébraient aux pieds de la statue de cette princesse et troublaient l'office divin dans la basilique de Constantinople ? Quelle noble indépendance ! quelle franche et loyale profession de principes, quelle heureuse alliance d'une bonté toute paternelle, des plus pacifiques dispositions avec une fermeté digne et une intrépide persévérance en sa résolution ! Ah ! c'est qu'il y avait, dans la circonstance présente, autre chose qu'un fait matériel sans résultats pour les individus ; il s'agissait de la défense d'un principe. Or, M. l'abbé Renard avait dit précédemment à ses paroissiens :

« Ne vous laissez point prendre au ton doucereux de ces in-
» différents qui regardent *une* déplorable confusion de prin-
» cipes comme le complément de la sagesse humaine........
» qui ont dit et répété la paix............ comme si une paix
» d'indifférence, qui tue la vertu jusque dans son dernier
» germe pouvait jamais être utile et profitable ! Comme si

1. Feuille *in-quarto* de trois pages d'impression. Lunéville, chez Guibal.

» la langueur était la paix! l'apathie, la paix! l'engourdis-
» sement de toutes les facultés morales, la paix! A ce prix,
» hélas! la mort aussi n'a-t-elle pas sa paix, et les tom-
» beaux, leur tranquillité[1]. »

1. Voyez plus haut, page 140.

M. RENARD EN PRÉSENCE DU ROI.

Soumis avec respect à sa volonté sainte,
Craignant Dieu, cher *Lecteur,* et *n'ayant* d'autre crainte,
M. le Curé de Lunéville ne pouvait comprendre qu'il fût
possible de taire une vérité qu'il est urgent de signaler, et
de connaître une infortune sans travailler immédiatement
à la soulager. Or, quel plus grand sujet de douleur, pour
un prêtre que dévore le zèle du service de son Dieu, quelle
plus grande infortune que celle d'une Eglise veuve de son
pontife, privée de ses lévites, sa consolation et son espoir;
que celle d'un sanctuaire de la science et des vertus cléri-
cales livré à toutes sortes de déprédations, dont il n'est
permis de franchir le seuil à aucun de ceux qui, naguères,
y chantaient en paix les louanges de l'Eternel! Tel était
cependant, en 1850, l'état déplorable de l'Eglise de Nancy,
fille et héritière de la vénérable Eglise de Toul, l'une des
plus anciennes de la chrétienté.

Pendant les glorieuses journées de Juillet, le séminaire
diocésain avait été dévasté, les fenêtres brisées, les portes
enfoncées, l'intérieur de la maison saccagé; le vénérable
supérieur et, avec lui, quelques élèves, obligés de se sauver
de nuit et d'aller, sous costumes d'emprunt, chercher asile
dans les villages voisins. Puis, après ces premiers résultats
d'un incroyable délire, la défense officielle de recevoir les sé-
minaristes dans l'établissement et la clôture de celui-ci, indéfiniment prolongée, sans égard aux remontrances des directeurs, sans souci de l'avenir de la religion de la majorité

des Français ni de celui des jeunes gens que leur vocation destinait au service des saints autels. Le diocèse en était à cette extrémité quand, dans le courant du mois de juin de l'année 1831, le roi Louis-Philippe visitant les provinces de l'Est, vint à Nancy, qu'il quitta sans avoir rien appris de la situation du séminaire, le premier pasteur se tenant forcément éloigné, et son unique représentant, le digne M. Antoine, vicaire-général, timide autant que modeste; effrayé, d'ailleurs, par des scènes qui ne lui rappelaient que trop vivement celles d'une autre époque, n'ayant pas osé réclamer contre un état de choses si peu capable de prouver que la Charte, désormais, dût être une vérité. Arrivé à Lunéville, le Monarque, comme partout ailleurs, reçut les hommages de tous les corps constitués. M. Renard, à la tête du clergé de la ville et de la banlieue, fut présenté à son tour. Alors, en présence de toutes les autorités civiles, judiciaires et militaires, d'une voix respectueuse, mais ferme et parfaitement accentuée, il fit entendre au Chef de l'Etat, au lieu de flatteuses banalités, la harangue que voici :

« Sire,

» Le curé de Lunéville, en venant avec son clergé, déposer aux pieds de Votre Majesté, l'hommage du plus profond respect, ne se permettra pas, au milieu de la joie qu'inspire sa présence, de lui faire entendre les gémissements de la Religion. Cependant, persuadé que Votre Majesté, ne faisant son bonheur que du bonheur de tous, ne se livre aux fatigues d'un long voyage, que pour connaître par elle-même les besoins et les vœux des diverses populations, j'oserai lui dire avec confiance : Ce qui afflige surtout les catholiques de ce pays, ce qui leur cause les plus vives alarmes sur l'avenir de la Religion qui est leur premier bien, c'est de voir les séminaires du diocèse fermés depuis huit mois, et les élèves du sanctuaire tristement dispersés non par la loi, mais par la violence. Sans doute Votre Majesté ignore ces affligeants désordres; mais il ne faut que les lui faire connaître pour que nous n'ayions plus à nous en plaindre. Oui, nous l'espérons : bientôt des ordres de sa royale et juste volonté calmeront toutes nos inquiétudes, et en ajoutant un nouveau motif à notre dévouement, ils mettront le comble à notre reconnaissance. »

Sa Majesté répondit à M. le Curé de Lunéville :

« J'aurai soin de faire jouir le clergé de la protection
» que lui accordent les lois : il y a droit et il est dans l'in-
» térêt de l'Etat de la lui assurer. Sans doute il est néces-
» saire qu'il y ait des séminaires pour l'instruction de ceux
» qui se destinent à l'état ecclésiastique. Votre réclamation
» me paraît juste, je m'en occuperai, et je serai heureux de
» donner au clergé cette preuve de mon dévouement. »

En effet, Louis-Philippe n'avait pas quitté Lunéville que des ordres, partis du château, prescrivaient la rentrée immédiate des lévites au séminaire diocésain. Mais, comme tant d'autres donnés en occurences analogues, ces ordres ne reçurent qu'un semblant d'exécution. Même au mois de novembre, lorsque tous les autres établissements d'instruction publique avaient opéré leur rentrée et se trouvaient en plein exercice, le séminaire n'avait pu ouvrir ses portes, ni recevoir, dans son enceinte, la jeunesse cléricale du diocèse. M. le Curé de Lunéville rappela au Ministre de l'Instruction publique et des cultes la promesse formelle du roi des Français, et il ne dépendit ni de son zèle ni de son énergie qu'elle ne reçût son entier accomplissement. La lettre de M. Renard à M. de Montalivet mérite d'être conservée comme appendice de la harangue dont le texte précède.

Après avoir rapporté textuellement et ses paroles au monarque et la réponse du souverain, M. le Curé continue :

« Cette royale réponse, bientôt répétée dans tout le diocèse, avait calmé les inquiétudes des catholiques sur l'avenir de la Religion. Ils croyaient à la promesse de Sa Majesté! Ils avaient même espéré que, dès le premier instant de son retour à Paris, le Gouvernement donnerait des ordres à nos autorités locales, pour qu'elles eussent à protéger la rentrée de nos séminaires et à les faire respecter. Ces ordres n'étant point arrivés au gré de nos désirs, de nouvelles craintes ont attristé nos cœurs. Cependant, ne pouvant nous résoudre à soupçonner les intentions du gouvernement, nous aimions à penser que, voyant l'année scolaire près de sa fin, il avait jugé convenable de laisser passer le temps des vacances et de n'ordonner des mesures pour opérer et protéger la rentrée des séminaires qu'à l'époque ordinaire.

» Mais aujourd'hui que cette époque est passée, et que, sous de vains prétextes, on s'oppose encore à la reprise des études ecclésiastiques, le mécontentement des vrais catholiques est à son comble. Ils sont tentés de croire ce que leur cœur se refuse à penser; quoique certains prétendus libéraux qui ne veulent de liberté que pour eux, le répètent sans cesse, et ne craignent pas d'insulter à notre douleur, en nous disant que, cette fois, pour anéantir la Religion, le gouvernement ne veut pas, comme dans la première révolution, employer les échafauds, les fonds de cale, l'exil, ni aucun moyen violent; mais que, par des moyens plus lents, il n'en saura que mieux la faire mourir de sa belle mort.

» Ah! s'ils disent vrai, si tel est le projet, on a déjà bien à se féliciter : par la clôture des séminaires, bon nombre de jeunes lévites, fatigués, dégoûtés par l'incertitude, effrayés de l'avenir qu'on semble préparer au clergé ou pressés, par leurs parents qui en sont encore plus effrayés qu'eux, ont déjà renoncé et renoncent chaque jour à leur vocation ; et pour peu qu'on prolonge cette tyrannique clôture de nos séminaires, il n'en restera bientôt plus : les uns auront été enlevés par la conscription, les autres auront embrassé une autre carrière, et certainement on n'en retrouvera aucun dans les colléges de l'Université. Ainsi, comme on le dit : sans moyens violents, mais avec un peu de patience, on éteindra le sacerdoce, et avec lui la religion, qui ne peut ni s'exercer ni se perpétuer sans ministres.

» Daigne le Ciel détourner de notre chère patrie un aussi grand malheur ! et puisse Votre Excellence être pour nous l'instrument de sa puissante protection ! Nous voulons l'espérer : oui, quoi qu'en disent les ennemis du culte de nos pères, nous ne voulons pas croire que le gouvernement soit complice de leurs vœux insensés : il sait trop bien, comme le dit Plutarque, qu'on bâtirait plutôt une ville en l'air, que d'organiser et de gouverner une société sans Religion. Aussi, pleins de confiance dans la parole du Roi, nous supplions Votre Excellence de ne plus différer l'accomplissement de sa royale promesse, et de donner à nos autorités locales, l'ordre positif de favoriser et de protéger la rentrée immédiate de nos séminaires ; car, plus tard il serait trop tard : on ne trouverait plus d'élèves. Les faiseurs d'émeutes jouiraient insolemment de leur triomphe, et les catholiques paisibles, qui paient l'impôt sans murmures, gémiraient sous le poids de la plus injuste comme de la plus insupportable tyrannie.

» Il n'en sera pas ainsi sous le règne vraiment libéral du Roi des Français : la Charte sera une vérité : la liberté sera pour tous ; chacun obtiendra une égale protection pour son culte et force restera toujours à la loi. Aussi, nous le croyons bien : pour obtenir justice, nous n'aurons besoin de recourir ni aux chambres, ni à l'opinion publique. D'après cette réclamation toute légale, rédigée avec quelques-uns des plus notables catholiques de mon canton, nous n'aurons plus à parler ou à écrire que pour publier la juste fermeté de Votre Excellence, et pour lui offrir l'hommage de toute notre gratitude.

» J'ai l'honneur, etc.

» RENARD, curé de Lunéville. »

Hérode fit mettre en prison Jean, fils de Zacharie, qui lui avait dit en face : Il ne vous est pas permis de conserver avec vous la femme de votre frère[1]. Louis-Philippe fit des promesses à Jean, fils de Simon, et M. de Montalivet garda vis-à-vis de lui un silence qui ne fut point rompu. Quoi qu'il en soit de la conduite de ces diverses puissances, n'est-il pas permis de dire que le client a, d'une manière parfaite, imité son glorieux patron, et que la conduite de M. le Curé de Lunéville, en cette circonstance spéciale, a été digne du saint précurseur de Notre-Seigneur-Jésus-Christ. L'un et l'autre ont parlé aux Rois avec une respectueuse indépendance ; il leur ont fait entendre la parole de la vérité ; c'est que ni l'un ni l'autre ne rêvait avancement ou faveur pour la terre, ni l'un ni l'autre ne voulait autre chose que le triomphe de la justice et la gloire de Dieu.

M. Renard profita aussi de la présence, à Lunéville, du Roi Louis-Philippe, pour présenter à ce Monarque une nouvelle supplique, à l'effet d'obtenir du Gouvernement la reconnaissance de la Maison des pauvres comme établisse-

1. Matth. XIV, 3.

ment d'utilité publique. Il sut se ménager aussi de M. le comte d'Argout, Ministre du commerce et des travaux publics, accompagnant le Roi, une audience particulière, et alors il lui donna toutes les explications désirables sur l'asile des vieillards et lui déduisit les motifs de le constituer conformément à la loi. Cette double démarche fut couronnée d'un succès qui réjouit l'âme du bon et charitable Curé. Le Roi des Français avait reçu le mémoire de M. le Curé, le Ministre des travaux publics lui avait accordé son audience le 16 juin, et cinq jours après, le 21 du même mois, une ordonnance royale datée de Strasbourg déclarait « l'établissement existant à Lunéville, *et* connu sous la dénomination de *Maison des Pauvres et des Orphelins*, reconnu comme établissement d'utilité publique. »

M. RENARD A LA RÉPUBLIQUE.

Autant la Révolution de 1830 s'était montrée hostile à la religion, autant celle de 1848 se distingua par son respect pour les personnes ou pour les choses consacrées au service de Dieu. La République dont Napoléon III fut proclamé président, laissa les temples ouverts, les ministres sacrés libres, elle fut chrétienne; elle appela le prêtre à ses solennités et lui demanda de bénir ses emblèmes par les prières du Rituel. M. le Curé de Lunéville fut prié, en 1848, de bénir l'arbre de la Liberté, puis les drapeaux, le 7 janvier 1849. En ces deux circonstances, il dût prendre la parole et comme toujours, il le fit en Apôtre, en père et en vrai pasteur. Nous substituerons ici, le texte même de ses allocutions, aux commentaires que nous en pourrions offrir; il sera lu avec plus d'intérêt et de profit.

ALLOCUTION DE M. LE CURÉ DE LUNÉVILLE.

« Mes chers concitoyens,

» Ce n'est pas sans une vive émotion que je me trouve en ce moment au milieu de vous; mais je suis bien aise de profiter de cette occasion, pour vous dire que je partage vos sentiments, et que j'applaudis, de tout cœur, à vos justes transports; parce que j'en trouve le motif le plus légitime dans les enseignements sacrés de l'Evangile, de ce divin et véritable code de Liberté, d'Egalité et de Fraternité.

» Le premier arbre de Liberté, en effet, qui ait été planté sur la terre, c'est la croix de Jésus-Christ; c'est sous ce glorieux étendard que l'affranchissement général de l'espèce humaine a été proclamé pour la première fois. Avant que le divin Libérateur des hommes ait paru, les droits de l'humanité étaient généralement méconnus. Jusqu'à lui, les philosophes comme les législateurs n'avaient même jamais pensé qu'il fût possible d'allier la liberté de tous avec le bonheur de tous. Jusque chez les peuples les plus renommés par la sagesse de leurs mœurs, de leurs lois, de leurs coutumes et de leurs constitutions, la servitude était le triste partage, la honteuse condition du plus grand nombre des humains, et nous ne voyons pas, dans l'histoire, qu'un seul des anciens philosophes ait réclamé contre cet abominable esclavage. Au contraire, les chefs de la Grèce, les savants de l'Aréopage, les célèbres orateurs du sénat romain, tous avaient formellement décidé et légalement déclaré que, parmi les hommes, les uns naissent pour la liberté, et les autres pour la servitude. Aussi, dans la seule ville d'Athènes, il y avait quatre cent mille esclaves et seulement vingt mille citoyens libres ; encore appelait-on citoyens bâtards les esclaves qui avaient été affranchis.

» Il en était de même à Sparte, à Lacédémone et dans toutes ces anciennes républiques si vantées pour leur amour de la liberté. Jusque dans la superbe Rome, le nombre des esclaves n'était pas dans une moindre proportion, et leur condition n'était guère différente de celle des bêtes de somme. On frémit en lisant la manière dont ces malheureux étaient traités.

» Tel était le droit commun de toutes les nations avant le Christianisme. Il n'y a que l'Evangile de Jésus-Christ, cette loi divine de charité, de douceur, de fraternité qui ait fait comprendre aux dominateurs des peuples combien ce dégradant et dur esclavage est contraire à la loi naturelle et à la dignité de l'homme. C'est à la voix du divin Libérateur, et ensuite à celle des prédicateurs de son Evangile que partout où ils ont pu pénétrer et être écoutés, les fers des diverses populations furent successivement brisés. *Après le baptême*, s'écrie le grand Saint Paul, *il n'y a plus parmi vous, ni juifs, ni gentils, ni maîtres, ni esclaves ; vous êtes tous enfants de Dieu, tous frères en Jésus-Christ, votre commun libérateur.*

» Voilà le premier cri de Liberté, d'Egalité et de Fraternité qui ait retenti, avec puissance, dans l'univers, et qui, répété de siècle en siècle, vient enfin de se faire entendre dans toute sa force, d'un bout à l'autre de notre belle France.

» Mais, en bénissant le Ciel de ce don précieux, sachez en user avec sagesse. Comme la Religion du divin Rédempteur est la véritable source, le principe générateur de la vraie liberté, elle est aussi le précieux aromate qui l'empêche de se corrompre. Prenez donc garde que votre ardeur patriotique ne vous emporte au-delà des bornes! si malheureusement vous veniez à faire dégénérer la liberté en licence, la licence vous plongerait bientôt dans l'anarchie, et l'anarchie vous ferait infailliblement retomber sous le despotisme, comme cela s'est toujours vu.

» Pour éviter cette nouvelle et cruelle déception, imitez l'héroïque peuple de Paris qui, dans l'enivrement même de la victoire, a donné le touchant spectacle de la plus admirable modération par son religieux respect pour les personnes, les propriétés, la Religion et les droits de chacun. C'est en imitant ce bel exemple, que le règne de la liberté s'affermira parmi nous, et fera, à jamais, le bonheur de tous. »

Bénédiction des drapeaux, le 7 janvier 1849.

« Mes chers concitoyens,

» J'aime à vous le dire : la pensée que vous avez eue d'ap-

peler les bénédictions du Ciel sur vos drapeaux, sur ces signes de ralliement autour desquels doivent se grouper tous
les amis de l'ordre et de la vraie liberté, a réjoui mon
cœur de prêtre chrétien et catholique ; parce qu'elle me
prouve que, fidèles à la foi de vos pères, vous aimez à suivre leur exemple, et que vous ne partagez pas les sentiments de ces artisans de désordre qui, en bannissant Dieu
de leurs systèmes politiques, ne pourraient que perpétuer
parmi nous, avec les troubles et des inquiétudes sans cesse
renaissantes, la stagnation des affaires, de l'industrie, du
commerce et le malaise général qui ne dure déjà que depuis
trop longtemps.

» Oui, cette pensée est une preuve rassurante pour notre
avenir que, comme les sages de tous les temps, vous avez
compris que, pour conserver et perfectionner notre civilisation, c'est au Ciel qu'il faut aller chercher la première et
la plus forte sanction des lois qui doivent régir notre chère
patrie ; et que, pour unir les citoyens entre eux par les
liens d'une justice réciproque et d'une véritable fraternité, il
faut, avant tout, qu'ils soient fortement unis à Dieu, leur
père commun, par les liens sacrés de la conscience.

» Eh ! comment tous ne le comprennent-ils pas comme
vous ? Maintenant que la Constitution est publiée et acceptée, que nous reste-t-il à désirer ? sinon de voir rétablir
l'ordre public d'une manière assez parfaite, assez tranquil-
lisante pour faire renaître, dans tous les cœurs, la sécurité
et la confiance. Mais je ne crains pas de le dire tout haut :
ce n'est que par la puissante influence de la Religion, que
nous pouvons jouir constamment de cet ordre public si désirable ; parce que, pour le fonder d'une manière durable
qui, dans le présent, nous prépare un heureux avenir, il
faut qu'il soit établi sur des institutions écrites, non pas

seulement sur le papier, mais dans la conscience des peuples ; sur des institutions capables, non par la force de la police et des gendarmes, mais par la force morale, de contenir les passions turbulentes, de prévenir les dissensions, les émeutes, les troubles civils, l'anarchie enfin et les maux qu'elle entraîne.

» Or, certainement, de telles institutions sont impossibles sans la Religion. La raison en est vivement sentie par tous les bons esprits ; tous reconnaissent, tous répètent, d'une voix unanime, que l'ordre public repose sur la loi, que la loi repose sur la morale, et que la morale repose sur la Religion. Donc, sans la Religion point de morale, sans morale point de loi écrite dans le cœur des hommes, et sans ces sortes de lois point d'ordre public réel et constant. C'est ce qui a fait dire à un des plus illustres orateurs de nos jours ces paroles remarquables : « La Religion est la vie du » corps politique ; elle ne lui laisse que le choix, ou de se » conserver avec elle, ou de se dissoudre sans elle. »

» Pour moi, plein de ces convictions, et ne faisant des vœux que pour le bonheur, pour la prospérité de notre belle France, c'est de tout cœur que j'implore les bénédictions du Ciel d'abord sur ces drapeaux, pour leur imprimer un caractère religieux qui les fasse respecter comme les insignes de l'honneur et de la gloire nationale ; mais aussi sur ceux qui les portent, sur ceux qui les accompagnent, et sur tous ceux à qui ils doivent servir de ralliement, afin que tous, se faisant un devoir de maintenir l'ordre public, rivalisent de zèle et de dévouement pour la Religion et pour la patrie.

» Dans ces sentiments, élevez avec moi vos cœurs vers le Ciel, et conjurons tous ensemble le souverain arbitre des destinées du monde, de protéger notre chère patrie, d'y rétablir l'union entre tous les citoyens, d'y faire renaître la prospérité et le bonheur. »

Analysons, quoique rapidement, les discours qui précèdent et qui ont été prononcés dans des circonstances particulières et solennelles :

Au rétablissement du Culte : le Ministre de Dieu déclare à ceux qu'il veut instruire que « c'est pour avoir irrité Dieu » par un abus excessif de ses grâces et de sa Religion sainte » par la profanation des jours consacrés au culte public que » la France a été si sévèrement châtiée. »

Au premier anniversaire officiel du Couronnement de l'Empereur : il leur montre que « le plus grand bienfait dont » Napoléon ait gratifié le pays, c'est de lui avoir rendu la re- » ligion catholique avec ses prêtres et la pompe de ses au- » gustes cérémonies. »

A la Restauration, il ne change pas de thème : « La vé- » ritable cause des malheurs de la patrie, dit-il, c'est notre » oubli de Dieu, notre impiété, nos vices, nos désordres, » et non point les opinions individuelles en fait de poli- » tique. »

A la Révolution de Juillet 1830 : Il annonce « que sans » le règne de Jésus-Christ, il n'y aura jamais ni paix, ni » bonheur, ni ordre, ni liberté. »

A la République de 1848 : Il rappelle que « le premier » arbre de la Liberté qui ait été planté sur la terre, c'est » la Croix de Jésus-Christ ; que c'est sous ce glorieux éten- » dard que l'affranchissement général de l'espèce humaine » a été proclamé pour la première fois ; mais *que* si la Re- » ligion est le principe générateur de la vraie liberté, elle » est aussi le précieux aromate qui l'empêche de se cor- » rompre. »

M. le Curé de Lunéville sut donc se rappeler toujours

que Dieu a livré le monde aux disputes des hommes ; qu'il n'est rien de mieux que de faire du bien en sá vie et que la Religion seule jouit du privilége d'enseigner aux mortels ce qui leur convient de faire avant tout pour traverser en paix la terre de leur exil et se diriger infailliblement vers la céleste patrie. Et de méme que cette Religion divine domine les événements qui agitent ou bouleversent les empires et les sociétés, suivant sa marche triomphale à travers les siècles sans s'effrayer de ses revers, sans se glorifier de ses triomphes ; ainsi, son ministre, sans se préoccuper des idées transitoires de la politique humaine, n'a prétendu, dans le cours si accidenté de sa longue administration, qu'à pousser et à maintenir ses paroissiens sur le terrain de l'unité de Dieu, de foi, de baptême[1], sur lequel, et par anticipation de ce qui sera dans la Jérusalem nouvelle, on ne trouve ni chagrin, ni douleur, ni mensonge, ni abominations[2] ; mais un adorable médiateur qui s'est volontairement offert en rédemption pour tous[3]. Du reste, nous l'avons fait observer déjà ; si, dans le contexte de ces discours, prononcés en présence des Représentants du Pouvoir, on rencontre quelques propositions qui aient un rapport direct au Chef de l'Etat et à la situation politique du moment, il faut ne pas oublier qu'elles étaient commandées par la nature même des circonstances et par les dispositions actuelles des esprits. Or, la Religion, inébranlable comme le roc sur lequel elle repose, lorsqu'il s'agit du dogme, sait condescen-

---

1[a] *Unus Deus, una fides, unum baptisma.* Ep. ad. Ephes. c. **IV**. v. **5**.

2. *Neque luctus, neque clamor, neque dolor erit.* Apoc. c. **XXI**. v. **4**.

3. *Unus mediator Dei..... qui dedit redemptionem semetipsum pro omnibus.* I[a] Ep. ad. Tit. c. **II**, v. **5** et **6**.

cendre aux faiblesses de ses enfants quand elles n'ont rien de répréhensible en elles-mêmes et quand, de cette condescendance, résultera pour une population, pour tout un pays, des avantages précieux.

M. RENARD,

nommé chevalier de la Légion-d'Honneur.

Entre les deux solennités, à la fois, civiles et religieuses, dont nous venons de parler, eut lieu un événement auquel prit part la presque totalité des habitants de Lunéville et dont M. le Curé fut le héros.

Nous avons dit que la Commission des hospices, en acceptant la dixième fondation de M. Renard, en faveur de la Maison des Pauvres, le 5 novembre 1847, demanda au Gouvernement, pour le généreux pasteur et comme seul témoignage de reconnaissance qui lui puisse être offert, la décoration de la Légion-d'Honneur. Cette demande, qui fait l'éloge autant de la Commission des hospices qui la formula que du bienfaiteur insigne qu'il s'agissait de récompenser ; cette demande, disons-nous, ayant reçu l'accueil, dont assurément elle était digne, M. le Curé de Lunéville fut nommé chevalier de la Légion-d'Honneur, le 14 novembre 1848 et, le 25 du même mois, il reçut l'avis officiel de sa nomination.

Dire que la population presque entière de la paroisse, se présenta successivement au presbytère, pour y porter des félicitations au nouveau décoré, c'est constater un fait que tout le monde connaît et raconte encore aujourd'hui. Mais, ce que l'on sait moins, ce sont les dispositions dans lesquelles M. Renard accepta cette distinction pourtant si bien méritée. Il en versa des larmes de frayeur chrétienne. Serait-il possible, disait-il avec affliction à ses vicaires, serait-il possible que Dieu, pour me punir, limitât à une décoration honorable, mais humaine et passagère, la récompense de ce que j'ai fait pour lui. La vanité aurait-elle donc été le secret mobile de mes actes, et serait-ce aussi de moi qu'il serait écrit : Ils ont reçu leur récompense : à des hommes vains, récompense vaine : *Receperunt mercedem suam, vani, vanam.*

D'autre part il se sentit profondément touché des démonstrations affectueuses dont il se voyait l'objet. Mais est-ce bien, comme l'ont prétendu quelques-uns, parce qu'il prêtait trop complaisante oreille à la louange? Entendons-le dire à ses paroissiens le motif réel de sa joie :

« Si je me réjouis dans le Seigneur de l'unanimité de vos sentiments pour moi, c'est pour votre salut, c'est parce que je les regarde comme un présage heureux d'un plus ample succès de mes efforts. Comme, pour l'ordinaire, on ne se montre ennemi d'un prêtre fidèle à ses devoirs que quand on est ennemi de la foi; je crois que, quand on aime son pasteur, c'est que déjà on aime ou qu'on n'est pas loin d'aimer la Religion. Oui, je me plais à croire que l'on ne saurait aimer son pasteur, sans être disposé à l'écouter favorablement et à profiter de ses exhortations. Et quand on prend plaisir à se nourrir du pain de la parole sainte, on n'est pas loin de vivre de la vie de la grâce. »

M. le Curé aurait joui, pour lui-même, de l'affection de ses chers enfants en Jésus-Christ, qu'il n'aurait en cela que suivi la pente à laquelle se laissent si naturellement entraîner les hommes; car, au fait, il appartenait à la fragile humanité, toujours si rapprochée d'elle-même, toujours si attentivement repliée sur elle-même et certes, nous ne voyons pas quel reproche on aurait pu lui faire à ce sujet; mais, si les humains ne voient que ce qui frappe leurs yeux charnels et font, pour l'ordinaire, reposer leurs jugements sur des apparences vaines ou trompeuses, Dieu plonge au fond des consciences[1] et sait par fois ménager à ses fidèles serviteurs, les occasions de révéler leurs dispositions intimes, pour leur justification personnelle, pour l'édification des justes et la confusion des censeurs irréfléchis. Nous venons de l'apprendre : jusque dans ses plus innocentes jouissances, la pensée de ses paroissiens dominait notre pasteur, et la somme des avantages qu'il pouvait retirer de leurs dispositions morales peut être considérée comme le thermomètre de son bonheur individuel.

Du reste, il sut avec autant de loyauté que de délicatesse, faire refléter sur eux tous les rayons de l'étoile que le chef du Gouvernement venait de placer sur sa poitrine. En remerciant le Grand-Chancelier de la décoration qu'il lui avait envoyée, M. le Curé de Lunéville lui disait : « En
» vous adressant mes sincères remerciements et en vous
» priant de les faire surtout agréer à M. le général Cavai-
» gnac, je dois à la vérité de dire que, quoique j'aie con-
» sacré, de tout cœur, mon avoir à la fondation de notre
» établissement des pauvres vieillards, je n'aurais jamais pu
» seul obtenir un aussi beau résultat. Ce sont les souscrip-
» tions, les dons, les legs de mes bons et charitables pa-
» roissiens qui ont soutenu, qui continuent à soutenir la
» bonne œuvre et à la compléter. C'est donc à eux autant
» qu'à moi qu'en revient la gloire. Aussi, je pense que ce
» sont ces excellents paroissiens qu'on a voulu honorer dans
» ma personne, et alors rien de plus juste[2]. »

---

1. *Homines vident ea quæ parent, Dominus autem intuetur cor.* I. Reg. c. XVI. v. 7.
2. Journal et Petites Affiches de Lunéville, 2 décembre 1848.

Que l'on est réjoui par cet échange de procédés délicats, le plus certain indice d'estime et d'affection réciproque entre un pasteur et ses dociles brebis! Mais aurions-nous à le signaler, aurions-nous à le consigner ici, pour la consolation des habitants de Lunéville, si, resté en dehors des œuvres charitables de sa paroisse, M. le Curé n'eût fait que les encourager par de flatteuses paroles, les soutenir par quelques pièces de vingt francs?

M. RENARD

se préparant à parler à S. M. l'Empereur.

La maladie qui acheva la dissolution d'un corps affaibli par l'âge et d'incalculables fatigues, retenait déjà, dans son appartement, M. le Curé de Lunéville, lorsque ce pasteur, toujours préoccupé de ses importants devoirs et du soin de ses pauvres, apprit que S. M. l'Empereur, devant se rendre aux eaux de Plombières, visiterait, en passant, ses guerriers de Lunéville. Aussitôt, il se sentit comme renaître et résolut d'aller, en personne, saluer son Souverain et profiter de l'occasion, pour plaider, en sa présence, la cause des invalides et des vieillards.

Pour comprendre le motif de cette grave détermination, il faut savoir que M. Renard avait, à part lui, fixé à CENT le nombre des lits qu'il prétendait fonder et doter dans sa *Maison des Pauvres;* que toutes ses pensées, ses calculs et ses économies convergeaient, en dernier lieu, vers ce but, et qu'il ne demandait à Dieu, prolongation de vie, que pour l'atteindre. Or, deux actes du Gouvernement l'avaient reculé de beaucoup, ce terme, objet de tant de soins et de vœux : la réduction à quatre et demi de la rente cinq pour cent, qui diminue de dix-neuf cents francs les revenus annuels de l'hospice; puis, la loi de 1850 qui, en frappant indistinctement toutes les donations, d'un droit de fisc de dix pour cent, réduit d'une manière notable le chiffre des offrandes et des legs. Ce double contre-temps avait violemment contrarié le bon Curé, à qui son âge disait qu'il ne pouvait plus rester longtemps au milieu des siens.

Il n'avait épargné ni démarches ni supplications pour le prévenir ou, tout au moins, en atténuer l'effet. Dès l'année 1845, alors qu'il fut question du projet de loi sur la réduction des rentes, il avait adressé, à M. le Ministre des finances, une pétition, dont le but était de faire exempter, de cette mesure générale, les hospices et les maisons de charité. La minute de cette pièce est restée avec plusieurs autres pièces de même genre, dans les papiers du vénérable défunt; elle doit trouver place dans la notice consacrée à sa mémoire, d'abord parce qu'elle est comme le thème de réclamations subséquentes dont nous aurons à parler, ensuite parce qu'elle aide à répandre une clarté plus vive sur le dévouement du bon pasteur à la partie la plus affligée de son troupeau et par suite à tous les malheureux. On y remarquera certaines expressions inusitées en style parlementaire; mais, comme nous n'entendons montrer ici que le cœur généreux de l'avocat des pauvres, nous laissons subsister la forme, sans y prendre garde, pour ne nous occuper que du profit moral à tirer du fond de ce document.

Lunéville, le 24 avril 1845.

A SON EXCELLENCE M. LE MINISTRE DES FINANCES,

Monsieur,

« Je suis bien affligé de voir que, dans le projet de loi sur la réduction des rentes cinq pour cent, on ne pense pas, comme l'avait fait M. de Villèle, à excepter de cette mesure, les hospices et les maisons de charité. Il me semble que, dans notre belle et noble France, au lieu de diminuer les faibles ressources de la grande famille des malheureux, le Gouvernement ne devrait chercher qu'à les augmenter, s'il le pouvait. Comment pourra-t-il donc acquiescer ou concourir à une mesure qui diminuera d'un dixième les revenus déjà si modiques de la plupart des établissements de charité, et qui forcera à supprimer, dans les hôpitaux, un dixième des lits fondés pour les pauvres malades, et dans d'autres établissements, le dixième des secours qu'on donne aux malheureux, quoique presque partout ils soient bien insuffisants?

» J'avoue que je trouve cette mesure aussi injuste qu'inhumaine. Je la trouve même décourageante pour les bons cœurs qui, sensibles au malheur de leurs semblables, et animés de l'esprit de charité, se sentent portés à faire des sacrifices pour leur procurer quelques soulagements. Et ici je ne crains pas de me citer pour exemple :

» Depuis plus de quarante ans que j'exerce le saint ministère à Lunéville, ayant remarqué, avec une peine sensible, qu'un grand nombre de pauvres ouvriers, arrivés à l'âge de la caducité et des infirmités, devenus incapables de travail, ne trouvaient de ressources que dans le honteux métier de mendiants, et que, dans ce triste état de vagabondage, ils ne pensaient ni à Dieu, ni à leur âme, ni à l'éternité, j'ai conçu le projet de leur procurer un asile de Religion où ils pussent passer tranquillement leurs derniers jours dans des devoirs du salut. Voilà plus de vingt-huit ans que je travaille à créer et à doter cet établissement aussi nécessaire dans une ville où la population indigente est immense, que précieux pour le repos public et pour le bon ordre. J'ai déjà consacré à sa dotation environ cent-soixante-dix-mille francs de mes propres deniers, et dans le même espace de temps, il m'a été donné pour le même objet environ cent mille francs par un grand nombre des bonnes âmes de ma paroisse. Toutes mes économies, à mesure que j'ai pu les faire, ainsi que les dons manuels que j'ai re-

çus, ont été successivement convertis en rentes cinq pour cent
sur l'Etat. Mais ces rentes ayant toujours été beaucoup
au-dessus du pair, plusieurs de nos inscriptions ayant été
achetées au taux de 121 et 122, il se trouve que, tout com-
pensé, nos capitaux ne rapportent que quatre et demi pour
cent, et si on en diminue la rente d'un dixième, ils ne rap-
porteront plus que trois francs soixante-neuf centimes pour
cent, en sorte qu'au lieu de recueillir, comme nous le faisons, quatre-vingts malheureux vieillards dans notre établissement, nous ne pourrons plus y en recueillir que soixante-
douze, tandis que, vu l'extrême misère qui nous environne,
nous voudrions pouvoir y en admettre au moins cent.

» Il n'en est pas des établissements de charité comme
des particuliers : ceux-ci sont libres de placer leurs fonds
en rente sur l'Etat, ou de les employer à d'autres spécula-
tions, et ils peuvent encore, en acceptant le remboursement, en tirer le même avantage; tandis que les hospices
n'ont jamais été libres pour l'emploi de leurs capitaux,
ayant toujours été obligés, par les ordonnances royales, de
les placer en rentes sur l'Etat, sans pouvoir ni en accepter le remboursement ni en profiter par d'autres spécu-
lations. C'est par cette double raison qu'à mon sens, vouloir
appliquer aux établissements de charité la réduction pro-
posée par la Chambre des Députés, est non seulement une
mesure contraire aux sentiments d'humanité et de charité
qu'on doit avoir pour les malheureux; mais une mesure
aussi injuste que désastreuse pour des établissements qu'on
ne devrait chercher qu'à soutenir et à faire prospérer.

» Je supplie donc très-instamment Votre Excellence
d'employer toute sa puissante influence, pour introduire
dans la loi qui va être discutée, un amendement par lequel
les hospices et autres établissements de charité, soient

exempts de toute réduction. Et si vous ne le jugez pas inutile, je vous prie de communiquer ma lettre à la commission qui a rédigé le projet de loi qui me déconcerte autant
qu'il m'afflige. Si vous pouvez empêcher qu'on dépouille
les pauvres, vous n'aurez pas moins mérité aux yeux de
Dieu que de l'humanité souffrante, et vous aurez gravé
dans mon cœur les sentiments d'une éternelle reconnaissance. »

J'ai l'honneur d'être, avec un profond respect, de Votre
Excellence,

Le très-humble et très-obéissant serviteur,
RENARD, curé de Lunéville.

Cette lettre demeura sans effet, et la loi du 18 mai 1850
déclara : ART. VII. « Les mutations par décès et transmis-
» sions entre vifs à titre gratuit d'inscriptions sur le grand
» livre de la dette publique, seront soumises aux droits
» établis pour les successions et donations. »

Ce texte de loi fit sur M. le Curé une impression profonde de douleur et de découragement; néanmoins, sans se
rebuter, il présenta, le 24 août 1850, au Président de la
République, à son passage à Lunéville, une réclamation
contre les effets de cette loi sur les revenus des établissements de charité publique; en 1851, il écrivit à la Repré-
sentation nationale, pour demander que l'article précité ne
soit entendu que dans le sens des articles 893 et 1106 du
Code Civil; le 18 février 1852, il s'adressa, de rechef, au
au Prince Président pour lui représenter qu'il ne pouvait se
« résigner à payer au moins six mille francs de droit d'en-
registrement pour assurer à sa Maison des Pauvres une
rente annuelle de 3,095 francs, » et pour lui demander que
si, « pour le moment, il n'y a pas moyen de le décharger
de cet énorme impôt, il veuille bien autoriser M. le Minis-

tre de l'Intérieur à accorder, comme secours, à cette maison, une somme égale à celle que réclamait l'enregistre-
ment. « De cette manière, continuait M. le Curé, il n'en
» coûtera rien à l'Etat, puisque je lui rendrai d'une main ce
» que j'en aurai reçu de l'autre; et il y aura, quinze lits de
» plus, à raison de deux cents francs chacun, fondés à per-
» pétuité, dans notre précieux établissement, où, à tou-
» jours, quinze malheureux viendront finir leurs vieux
» jours à l'abri de tous besoins et dans la paix du Seigneur,
» ce qui est encore plus essentiel. » De nouvelles et toujours plus énergiques réclamations furent encore adressées
à M. le Ministre des finances, le 17 mars, à M. le Ministre
de l'Intérieur, le 20 juillet de la même année 1852, au Sénat, le 7 mars 1853, et encore à M. le Ministre de l'Intérieur, le 19 octobre suivant. Cette Excellence voulut bien
accorder au charitable et zélé solliciteur, une indemnité de
quinze cents francs; mais c'était trop peu pour celui qui se
voyait reculé si loin du but qu'il se proposait d'atteindre.
Il insista pour obtenir un secours nouveau et, le 7 août
1854, il recourut à l'intervention de M. le Préfet de la
Meurthe pour faire prendre sa demande ultérieure en spéciale considération. Enfin, la visite de Sa Majesté au camp
de Lunéville fut officiellement annoncée; il résolut d'en
profiter, non plus pour en obtenir secours, indemnités ou
remises d'impôt; mais pour La supplier de n'autoriser pas à
l'avenir une nouvelle réduction de la rente, une surtaxe
d'imposition. Il prépara donc un discours de peu d'étendue, mais, en plus d'un endroit, d'une franchise réellement plus qu'apostolique. Il ne le prononça pas, et nous le
passerions sous silence, s'il n'était la dernière composition
de son auteur et comme un codicile à son testament. Toutefois, nous n'en donnerons que la partie sentimentale,

celle qui traite de la finance étant suffisamment indiquée par les détails précédents :

« Sire,

» Le Curé de la principale paroisse de cette ville et ses vicaires, animés du même esprit que celui de notre excellente population, et partageant la joie que leur inspire la présence de Votre Majesté, se font un bonheur de venir à leur tour, vous offrir le respectueux tribut de leur hommage, de leur admiration et de leur reconnaissance; ils ne peuvent assez exprimer ces sentiments de reconnaissance et d'admiration dont ils sont pénétrés, comme tous les bons Français, à la vue des grandes choses que vous avez accomplies en si peu de temps, pour relever notre belle France du honteux abaissement où l'avaient réduite d'insensés révolutionnaires, et pour redonner à la Sainte Eglise, la vie, la liberté dont elle a si besoin pour opérer le bien. Soyez-en béni, Sire. Digne et noble instrument de la Providence, vous saurez toujours répondre avec autant de fidélité que de gloire, à la belle et grande mission qui vous est confiée. En continuant à la remplir avec cet esprit de foi et de sagesse qui vous anime, croyez-le bien, la puissante protection de Dieu ne vous manquera jamais, comme jamais nous ne cesserons de l'implorer pour vous dans nos prières.

» Mais, en vous rendant grâces de ce que vous avez fait pour le bonheur de notre chère patrie et pour remettre en honneur la foi de nos pères, permettez que je profite de l'occasion pour plaider devant vous la cause du pauvre; c'est un des plus beaux attributs de mon ministère. »

Suit l'exposé des résultats financiers, pour la *Maison des Pauvres* de Lunéville, de la double mesure ci-dessus rapportée. La cause des malheureux n'aurait pas été défendue plus mollement que ne l'avait été celle des séminaires, et certes, l'excellent cœur de Sa Majesté aurait accepté les paroles inspirées par celui d'un vétéran du sacerdoce, lors même qu'elles n'eussent point été d'un style rigoureusement selon l'étiquette. Il aurait applaudi, surtout, après avoir entendu le vénérable octogénaire, décoré de l'étoile de l'honneur, s'exprimer de la sorte en finissant :

« Le patrimoine du pauvre est une chose sacrée. Ne souffrez pas qu'on y touche pendant votre règne qui, comme nous l'espérons et comme nous le demandons à Dieu, sera aussi long que glorieux.

» Sire, veuillez me pardonner la liberté avec laquelle j'ai parlé à Votre Majesté, mais mon cœur est si malade quand je vois *la détresse* du pauvre et de l'orphelin que je ne puis en contenir la pénible émotion. Pardon, Sire, encore une fois, pardon !!! »

L'Empereur, attardé et souffrant, n'ayant pu recevoir les hommages des corps constitués, n'a pas entendu cette harangue, dont son généreux cœur eût été certainement touché ; mais Dieu l'a lue sous la plume de son prêtre ; il saura la faire valoir en temps opportun et déjà, nous en avons la confiance fondée, il en récompense l'auteur.

Sans trop brusquer la transition, nous pouvons, ce semble, parler ici d'une collection précieuse pour l'Association des Dames de Charité de Lunéville et pour les personnes qui ont l'avantage de la posséder : celle des comptes annuels de recettes et de dépenses faites pour les pauvres depuis l'année 1818 jusqu'en 1855 inclusivement.

Cette série de documents officiels forme comme l'historique de la *Maison des Pauvres* depuis sa reconstitution jusqu'à la mort de son second, mais principal fondateur. Chaque budget est précédé de considérations générales, d'expressions de vive gratitude, de récits intéressants où l'on voit l'âme du charitable pasteur s'épancher dans celles de ses bons paroissiens, pour leur dire combien il était heureux, et de la bénédiction que Dieu donnait à son œuvre, et de l'empressement filial et généreux avec lequel ils l'aidaient à la développer, à la consolider. Nous en avons donné quelques extraits, et nous regrettons de ne pouvoir multiplier les citations. Mais nous regardons comme obligatoire la reproduction de l'avis qui termine le compte-rendu de l'année 1855, le dernier qu'ait rédigé M. le Curé. La proposition qu'il y développe a quelque chose de sacré comme un testament ; elle a provoqué l'achèvement des constructions projetées par M. Renard, pour donner à sa Maison des vieillards et des orphelins, l'aspect et les facilités qu'il lui souhaitait, et, d'ailleurs, l'empressement avec lequel on y a répondu a ménagé, au vénérable pasteur, la consolation de voir son œuvre presque achevée avant qu'il descendît sous les dalles où, jusqu'à la résurrection, il dormira son sommeil, au murmure des prières de *ses bien-aimés.* C'est justice de le rappeler aux honorables habitants de Lunéville :

« J'ai un désir extrême de voir compléter le précieux établissement qui, à perpétuité, doit servir d'une retraite paisible et d'un port de salut à tous les vieillards malheureux de notre ville. Pour cela il faudrait construire pour les femmes, à côté du magasin à fourrages, un bâtiment semblable à celui qui vient d'être fait pour les hommes du côté de la faïencerie ; je le désire d'autant plus que, l'année étant encore mauvaise, il serait essentiel de procurer du travail aux ouvriers ; ce qui est une excellente charité.

» Pour des raisons qu'il est inutile d'expliquer, M. l'architecte pense que ce second bâtiment coûtera environ quinze mille francs de moins que le premier; ainsi, il s'agirait d'une dépense de trente et quelques mille francs.

» Malheureusement, en 1856, je ne pourrai donner que dix mille francs. Je voudrais donc que, sans rien retrancher des souscriptions et offrandes nécessaires pour continuer à donner à nos pauvres vieillards leur pain quotidien, on me fît, par souscription et sans intérêt, une avance de fonds de vingt-deux mille francs, que je m'oblige de rembourser par quart de six mois en six mois, à commencer le 22 mars 1857.

» Je ne voudrais pas de souscription au-dessous de cent francs; les personnes qui souscriront pour quelques centaines de francs, s'obligeront à verser leur souscription à mesure qu'il faudra de l'argent pour payer les ouvriers; ceux qui souscriront pour quelques mille francs, pourront ne verser leur souscription qu'au mois de novembre ou de décembre, époque où, d'ordinaire, on règle les comptes des plus forts entrepreneurs. Et pour ceux-ci comme pour les autres, je le répète, je m'oblige à rembourser le premier quart de leurs avances le 22 mars 1857, le second quart le 22 septembre suivant, et les deux autres quarts aux mêmes époques de 1858.

» Mais voici ce qui empêchera, du moins je le crains, ma proposition d'être acceptée : à en juger par la bonne santé dont je jouis, j'espère bien vivre encore trois ans et pouvoir remplir exactement mes susdits engagements; cependant, si Dieu m'appelait à lui avant le 22 septembre 1858, il faudrait que les souscripteurs eussent la générosité de faire à la ville et aux pauvres le sacrifice de ce qui ne serait pas encore remboursé; parce que n'ayant que des usufruits, et tout ce que je possédais étant déjà donné par actes authentiques à l'asile des vieillards, une fois mes yeux fermés, il

ne restera rien, et je ne veux pas qu'on puisse avoir recours contre mes parents.

» Si, malgré cette crainte de ma mort, ma voix trouve de
l'écho dans quelques cœurs généreux et dévoués, je les prie
de me faire connaître, au plus tôt, leur intention, ou en
m'envoyant leur souscription par écrit, ou en venant eux-
mêmes la souscrire chez moi; je dis au plus tôt, parce que
si mon projet peut se réaliser, il n'est pas trop tôt de m'entendre avec la commission des hospices pour que les travaux commencent immédiatement après l'hiver.

» Ne voulant pas m'exposer à commettre la moindre indiscrétion, je n'irai solliciter personne ; mais si, sur la fin de
janvier, la souscription n'est pas remplie, je n'entrepren-
drai rien et ce ne sera pas sans regret; je remettrai tout
entre les mains de Dieu, et s'il daigne me donner le temps,
je tâcherai, plus tard, de faire pour les femmes ce que j'ai
fait pour les hommes et pour la chapelle, sans rien demander à personne.

» RENARD, curé. »

CROIX DE MISSION.

Une mission ayant eu lieu, avec de grands succès spirituels, à Lunéville, en 1742, on érigea en mémoire de ce religieux événement, à l'extrémité de la belle avenue liant la Vezouse à la route de Jolivet, une croix monumentale qui subsista jusqu'à l'époque de la Révolution. Le roi de Pologne avait, le 28 juin de cette année 1742, et pour perpétuer le souvenir de la plantation de la Croix, qui s'était faite le 1er du même mois, fondé en la paroisse Saint-Jacques, une procession solennelle, le lendemain de l'Octave du Saint Sacrement[1]. Très-probablement, la station n'en pouvait être que la Croix elle-même, destinée à rappeler, aux habitants de Lunéville, une circonstance heureuse et les exhorter à la persévérance en de saintes résolutions.

A la fin du Jubilé de 1804, le Clergé de Lunéville, dont M. l'abbé Renard était déjà l'un des membres les plus actifs, releva la Croix de la Mission royale, tant en souvenir du Jubilé séculaire que l'on venait de terminer, qu'en actions de grâces du rétablissement de la Religion dans notre patrie. Mais le temps, pour qui rien n'est sacré, avait fortement endommagé ce nouveau monument de la piété de toute une population. Pour clore le Jubilé de 1851, M. le Curé le fit renouveler à ses frais et, le lendemain de la fête de la Pentecôte, 9 du mois de juin, il en fit la bénédiction solennelle en présence d'une foule nombreuse de fidèles pieux. Après la récitation des prières liturgiques, le

1, Communes de la Meurthe, par M. Henri Lepage. Tom. Ier, page 669.

pasteur octogénaire, debout sur le piédestal qui soutient la Croix, fit entendre à l'assistance, une chaleureuse et touchante allocution :

« Nous aurions cru, dit-il entre autres choses, trop peu reconnaître les merveilles de miséricorde que le Seigneur vient d'opérer en notre faveur, en bornant au chant du *Te Deum* l'hommage de notre pieuse et vive reconnaissance; nous avons senti, qu'à l'exemple de nos pères, nous devions perpétuer la mémoire de ses bienfaits, afin d'en perpétuer aussi le sentiment. Voilà pourquoi nous nous sommes fait un devoir de rétablir, à l'honneur de Jésus-Christ, ce monument qui nous rappelle le souvenir d'une faveur semblable à celle dont nous avons à lui rendre grâces aujourd'hui.......... Vous l'honorerez comme un signe précieux et vénérable auquel se rattachent tant d'heureux souvenirs de grâces signalées que Dieu fit à vos religieux ancêtres et dont il a daigné vous combler vous-mêmes dans deux Jubilés successifs. Dignes héritiers de la foi et de la piété de vos pères, comme eux, vous aimerez à venir au pied de ce monument de miséricorde, pour y attendrir vos cœurs, pour vous y raffermir dans vos bonnes résolutions, pour y apprendre de plus en plus la science du salut.

» La Croix est en effet le grand livre des Chrétiens; les plus ignorants y peuvent lire aussi bien que les savants. C'est dans ce livre divin que les saints ont puisé leur science et leurs vertus. C'est là que le fidèle apprend le prix de son âme, la gravité du péché, l'immensité de l'amour de Dieu pour les hommes : c'est au pied de la Croix qu'il trouve dans ses peines, les plus solides consolations; dans les épreuves, la plus grande force, et pour l'heure de la mort, la plus douce confiance et la plus entière sécurité. Oh! qu'heureux est le Chrétien qui fait de la Croix, ou plutôt de Jésus-Christ attaché à la Croix, son maître, son guide, son confident, son médecin, son tout! Car Jésus-Christ lui sera tout pour le temps et pour l'éternité. »

Lors de la Mission de 1825 et pour en clore les exerci-ces, une autre Croix avait été élevée sur la place de la ville la plus exposée au mouvement continuel de la population et des voyageurs. Des raisons de prudence ayant, en 1830, déterminé le transport de ce signe vénérable, en un lieu plus solitaire, M. le Curé en avertit ses paroissiens, le di-manche 12 de septembre. Il ne prononça que peu de paro-les pour faire cette communication, mais elles respirent cette noble indépendance et cette élévation de caractère que, plus d'une fois, nous avons eu l'occasion de signaler. En voici quelques-unes, car nous les préférons de beau-coup, pour l'instruction et l'édification générales, à tous les commentaires que nous en pourrions donner :

« Si ce changement attriste votre piété, n'allez pas ce-pendant en concevoir d'alarmes pour notre sainte Religion. Sous le règne de Louis-Philippe Ier, espérez-le bien, la li-berté des cultes ne sera pas un vain nom, elle sera une vérité, comme la Charte qui l'a solennellement consacrée... Ne craignez donc pas de paraître catholiques et de rendre à la Croix les hommages qui lui sont dus. Ce soir, après les Vêpres, nous la porterons processionnellement à la nouvelle place que nous lui avons préparée. Nous espérons que, plus qu'en tout autre temps, vous vous ferez un de-voir d'en former le religieux cortége. Rien ne serait plus douloureux à notre cœur que de voir l'image du Christ in-sultée ou abandonnée en cette paroisse : mais nous ne crai-gnons pas qu'aucun de vous nous donne ce cruel chagrin. Dans cette cité toujours si distinguée par son bon esprit de sagesse et de modération, ceux mêmes qui ne partagent pas nos sentiments pour la Religion, sauront la respecter. »

En cette occurence, comme en toutes les autres, la voix de M. le Curé fut entendue avec respect et docilité ; les paroissiens montrèrent que leur cœur était « d'intelligence avec celui de leur pasteur ; » leur « empressement à venir rendre publiquement, au signe adorable du salut, de justes et religieux hommages, » manifesta qu'ils éprouvaient les sentiments qui le pénétraient lui-même jusqu'au fond de l'âme, et le pieux ministre de Jésus crucifié reçut, par cette démonstration solennelle, une nouvelle preuve de la dévotion sincère de ses ouailles envers son adorable Maître et de leur attachement à sa personne.

TESTAMENT

de M. le Curé de Lunéville.

C'est exclusivement dans les actes et dans les discours de
M. le Curé de Lunéville que nous avons étudié les ressources de son intelligence et l'élévation de ses pensées, l'excellence de son cœur et la beauté des sentiments dont il était
le foyer. C'est en analysant les uns et les autres que nous
avons pu constater combien était vive sa foi, tendre sa
piété, ardente sa charité, immense son dévouement à ses
paroissiens, apostolique son zèle pour le salut des âmes.
Peut-être, néanmoins, se rencontrerait-il quelques personnes qui, tout en souscrivant à la généralité de nos propositions, pourraient bien nous soupçonner de quelque exagé-
ration amicale ou pieuse, par ce motif, en lui-même réel,
que tout panégyriste ou historien se passionne, même à son
insu, pour son héros et qu'il est presque impossible à celui
qui tient la plume pour écrire la vie d'un personnage dont
les belles actions l'ont charmé, de ne pas rester en-deçà
de sa tâche, par une défiance craintive de ses impressions
individuelles, ou de s'élancer au-delà par un enthousiasme
qu'il n'a pas su dominer. Sans prétendre à une exactitude
mathématique, nous pensons n'avoir ni chargé nos récits,
ni embelli nos tableaux aux dépens de la plus consciencieuse
équité : nous aurions pu intituler la présente notice :
M. l'abbé Renard peint par lui-même. Mais il nous reste
à offrir, de la justesse de nos appréciations, un genre de
preuves, en présence duquel, ordinairement, toute argu-
mentation cesse, toute incertitude se dissipe, tout soupçon

s'efface et disparaît. On le sait, en effet, un testament est
l'expression de la pensée intime, de la volonté suprême de
la personne qui l'a écrit ou dicté; c'est dans cette déclaration solennelle qui, par une exception unique, ne reçoit
que de la mort, impitoyable destructeur de toutes choses,
son importance, sa valeur, son action, ses effets; c'est dans
cette déclaration que l'âme se révèle tout entière, qu'elle
met au grand jour, ses affections intimes, ses haines invé-
térées, ses préférences et ses antipathies, ses secrets enfin
qui, jusque là, n'avaient été connus que de Dieu. C'est
donc le testament de M. le Curé de Lunéville qui va achever de nous le peindre non pas « tel que la mort nous l'a
fait, » mais tel que la mort l'a trouvé pour l'introduire dans
la maison de son éternité. Nous allons transcrire, de ce
document précieux, la partie religieuse et pastorale, s'il
est permis d'employer cette locution ; c'est la seule que les
convenances et le respect dû aux membres d'une honorable
famille, nous autorisent à reproduire sans indiscrétion.

« Au nom de la Très-Sainte et adorable Trinité, le Père,
le Fils et le Saint Esprit.

» Comme l'homme ne peut jamais être assuré du temps
qui lui reste à vivre, et ne voulant pas m'exposer à être
surpris par la mort, sans avoir mis par écrit mes dernières
volontés, je me détermine à le faire dès aujourd'hui, quoique jouissant encore d'une bonne santé, comme de mes facultés intellectuelles.

» Mais, avant de prendre la plume, je me suis humblement
prosterné aux pieds du souverain Arbitre des destinées humaines, et j'ai vivement imploré ses lumières, pour ne rien
écrire qui ne fût la véritable expression de sa juste et adorable volonté.

» Le premier sentiment que j'ai senti s'élever dans mon

cœur en faisant ma prière, a été celui d'une inexprimable
reconnaissance envers le Seigneur, et je lui ai rendu,
comme je lui rendrai toujours, mille et mille actions de
grâces de m'avoir fait naître, élever et vivre dans le sein de
la seule véritable Eglise, de la sainte Eglise Catholique,
Apostolique et Romaine à laquelle, avec le secours de sa
grâce que j'implore et que j'espère, je jure de rester fidèle
et dévoué jusqu'à mon dernier soupir. J'ai aussi remercié
ce Dieu de bonté de toutes les grâces dont, par une miséricorde que je n'ai pas méritée, il n'a cessé de me combler.

» Mon second sentiment a été de m'humilier profondément
devant ce Dieu trois fois saint, et de lui demander, avec
douleur, avec un sincère repentir, pardon de tous les péchés, de toutes les fautes que j'ai eu le malheur de commettre depuis le premier usage de ma raison, en le conju-
rant, par les mérites infinis de Jésus-Christ, mon Sauveur,
de me faire miséricorde pour le passé, et, par les mêmes
mérites, de m'accorder, pour l'avenir, la grâce de ne plus
vivre que de son amour, de ne travailler que pour sa gloire
et de mourir dans l'état d'une bonne conscience, après
avoir reçu dignement tous mes derniers sacrements.

» Reportant ensuite mes pensées sur ma paroisse et sur ma
famille que je chéris également, je me suis senti pénétré
d'un indicible attendrissement, en prévoyant pour moi-
même, avec une juste frayeur, le grand jour de l'Eternité,
je n'ai pu me défendre d'éprouver la même frayeur par
rapport à mes chers paroissiens, comme par rapport à mes
bons parents, et j'ai conjuré, avec larmes, le Dieu des miséricordes d'avoir pitié de tous : d'éclairer les uns et les
autres, des vives lumières de la foi, de les pénétrer des
sentiments de son amour, et de les remplir d'un zèle aussi
ardent que constant pour son saint service ; puisqu'il n'y a

pas d'autre moyen d'arriver au bonheur pour lequel seul nous sommes créés, et pour lequel Jésus-Christ nous a rachetés si chèrement sur la Croix. Puisse ce Dieu de l'éternelle miséricorde exaucer mon ardente prière, et, par des grâces efficaces, conduire heureusement au port du salut, tous ceux que je ne cesserai jamais de recommander tout particulièrement à son infinie clémence; car, je le leur promets, jusqu'au delà du tombeau, je leur conserverai tout mon tendre attachement et ma plus vive sollicitude.

» Je ne crois pas avoir de reproches à me faire comme pasteur; si j'ai manqué à quelques-uns de mes devoirs, ç'a été sans le savoir et sans le vouloir; car, je puis le dire : je n'ai vécu, comme je ne vis encore, que pour mes chers paroissiens; je n'ai jamais travaillé ni prié, comme je suis bien résolu de continuer jusqu'à la fin, de ne travailler et de ne prier, que pour le bonheur présent et futur de tous. Jamais aussi je n'ai fait volontairement le moindre mal à qui que ce soit; mais si, sans le vouloir, j'ai causé de la peine à quelques-uns, je leur en demande pardon et je ne m'en recommande pas avec moins de confiance, au pieux souvenir et aux prières de tous...............................

» Fait, écrit et signé de ma propre main, à Lunéville, le dix-sept juillet mil huit cent quarante-quatre.

» Signé : J.-B. Renard, curé. »

Tout prêtre, tout pieux fidèle demande à Dieu, chaque jour et de toute l'ardeur dont il est capable, l'insigne faveur de répéter, avec une confiance fondée, à la fin de sa carrière, ces belles et touchantes paroles que Saint Paul écrivait jadis à son bien-aimé Timothée : Je sens que je m'affaisse et que l'heure de mon trépas n'est plus éloignée. J'ai combattu un bon combat, j'ai conservé la foi. Du reste, elle m'est réservée, la couronne de justice que le Seigneur, juge toujours équitable, me rendra en ce jour, et non seulement à moi, mais encore à tous ceux qui aiment son avènement[1]. Ah! c'est que, c'est bien là le plus consolant témoignage que puisse rendre une conscience droite et timorée à l'âme qui va paraître devant son Dieu, devant le Dieu qui, dans son éternel sanctuaire, n'admet que ceux dont les noms sont écrits dans le livre de l'Agneau[2]. Mais, si les immenses fatigues de son incomparable ministère, autant que les priviléges divins dont il fut l'objet, ont élevé l'illustre Paul à une hauteur que nul ne saurait atteindre, et si, le plus opiniâtrément laborieux ouvrier de la vigne mystique de Jésus-Christ n'oserait, de peur de tomber en présomption, s'appliquer les paroles que l'Apôtre de la Gentilité dit de soi-même, sous l'inspiration de l'Esprit-Saint, quel prêtre n'ambitionnera de pouvoir, au terme de sa carrière et après avoir repassé dans son esprit les années d'un long sacerdoce, quel prêtre n'ambitionnera pas de pouvoir, comme celui de Lunéville, dire à l'oreille de Dieu : « Je ne crois pas avoir de reproches à » me faire comme pasteur. Si j'ai manqué à quelques-uns » de mes devoirs, ç'a été sans le savoir et sans le vouloir. » Quel chrétien ne souhaitera pas de répéter dans la même circonstance : « Je n'ai fait volontairement de mal à qui » que ce soit! » Louis XVI a écrit aussi dans son immortel testament : « Je ne me rappelle pas d'avoir fait sciemment aucune offense à personne. » Et ce mot a fait connaître à la France tout le cœur du monarque que de brutales passions ont immolé. Le testament de M. l'abbé Renard, mieux que tout ce que nous avons rapporté des actes de sa vie

---

1. II{\sup} Epit. ad. Timoth. c. III. v. 6-8.
2. *Nisi qui scripti sunt in libro vitæ Agni.* Apocal. c. **XXI.** v. 27.

sacerdotale, dit ce qu'il fut comme Pasteur et comme Chrétien. Avec ce document seul, il peut attendre le jugement de ses contemporains et celui de la postérité. Il a subi celui de Dieu : et ce n'est point à nous à le pénétrer. Mais nous savons que l'Esprit-Saint dit à l'homme vraiment charitable : Ta lumière éclatera comme l'aurore; ta justice marchera devant ta face, et la gloire du Seigneur t'environnera..... Quand tu crieras au Seigneur, il répondra : Me voici... et il remplira ton âme de ses splendeurs[1]. Nous savons encore cet oracle du même Esprit : Ceux qui auront enseigné à leurs frères les voies de la justice, brilleront comme des étoiles pendant toute l'Eternité[2]. Nous entendons la voix du souverain Pasteur appeler en ces termes les Elus qu'il veut récompenser : J'ai eu faim et vous m'avez rassassié,..... j'ai eu froid et vous m'avez réchauffé, j'ai été jeté en prison et vous m'avez visité. Venez, ô venez, les bénis de mon Père; venez prendre possession du Royaume que, dès les premiers jours du monde, j'ai préparé pour vous[3]. Or, le Seigneur se nomme le Fidèle et le Véridique[4]. M. le Curé de Lunéville a rempli le devoir de la charité chrétienne et celui de l'enseignement pastoral avec le zèle et la persévérance que nous avons pu constater; pourrions-nous demeurer dans l'incertitude sur son éternelle destinée?

1. *Erumpet quasi manè lumen tuum... anteibit faciem tuam justitia tua et gloria Domini colliget te. Clamabis et dicet : Ecce adsum et implebit splendoribus animam tuam.* Isaïe. c. LVIII. v. 8 et 19.

2. *Qui ad justitiam erudiunt multos quasi stellæ in perpetuas æternitates.* Dan. c. XII. v. 3.

3. *Esurivi et dedistis mihi manducare... nudus et cooperuistis me... in carcere eram et venistis ad me... Venite benedicti Patris mei, possidete paratum vobis regnum à constitutione mundi.* Matth. XXV. 34-55.

4. *Fidelis et Verax.* Apoc. c. XIX. v. 11.

DERNIÈRE MALADIE ET DÉCÈS DE M. RENARD.

Ce fut vers le mois d'avril 1856 que le vénérable vieillard ressentit les premières atteintes du mal qui devait le mener au tombeau. Déjà même, et sans qu'il parût s'en douter, les sypmtômes précurseurs d'une prochaine dissolution se manifestèrent d'une manière alarmante pour les personnes qui l'entouraient. Sa voix, auparavant claire et forte, s'était affaiblie et comme voilée ; ainsi qu'au Patriarche de Hus, une maigreur excessive n'avait plus laissé sur ses os qu'une peau mince et contractée[1].

Bientôt de violentes douleurs dont on ne put, tout de suite, déterminer la cause, assiégèrent la partie droite de la tête de M. le Curé, provoquèrent une surdité presque complète et des accès irréguliers d'une fièvre qui le consumait. Cependant, le courageux pasteur semblait dédaigner ces atteintes, graves cependant, et braver les précurseurs toujours dangereux de ce cavalier dont le nom est la Mort et qui se fait suivre de l'abîme[2]. Il comprenait, cependant, qu'il ne sortirait pas vainqueur d'une lutte dans laquelle, d'après la loi commune, l'humanité doit succomber. Il sentait le moment approcher ; peu de jours après la dernière messe qu'il eut le bonheur de célébrer, il écrivit sur le livre où il marquait les intentions qu'il devait acquitter, ces paroles de Saint Paul qu'on y lut après sa mort : *Ego enim jam delibor et tempus resolutionis meæ instat*[3]. Il voulut

1. *Pelli meæ... adhæsit os meum.* Job. c. XIX, v. 20.
2. *Nomen illi Mors et infernus sequebatur cum.* Apoc. c. VI. v. 8.
3. Je commence à défaillir et le temps de mon trépas n'est pas loin. Ep. ad. Timoth. c. IV. v. 6.

même assister encore à la procession du Saint-Sacrement, le jour de la Fête-Dieu. Pâle, chancelant, pouvant à peine soutenir l'Ostensoir eucharistique, il présida l'auguste cérémonie et parcourut les rues de la paroisse, tenant en ses mains défaillantes le corps adorable du Seigneur, comme pour faire à ses paroissiens sa visite d'adieu, les bénir encore une fois et les remettre sous la houlette du Pasteur qui donne sa vie pour ses brebis et qui, mort une fois pour le salut de tous, vit maintenant, pour le bonheur des élus, dans les splendeurs de l'éternité.

Ce dernier acte, qu'il ne put achever qu'avec efforts, épuisa le reste de ses forces. L'appétit disparut, l'estomac refusa toute nourriture et s'irrita jusqu'à l'éructation qu'il ne fut pas possible de dominer de plusieurs jours.

Quelques semaines avant l'époque fatale apparut, au côté droit du cou, une tumeur considérable que l'on dut ouvrir en temps opportun. Il en sortit une quantité considérable d'un pus qui avait commencé à suinter par l'oreille, et l'on reconnut le principe des antécédentes douleurs. Cependant, le malade conservait toutes ses facultés intellectuelles, sans la moindre altération. Il s'entretenait avec ses vicaires de l'administration de la paroisse et leur parlait le langage de la plus solide comme de la plus édifiante piété. Ainsi, Dieu exauçait la prière que son serviteur lui avait souvent adressée en empruntant la parole du psalmiste : Seigneur, ne me repoussez point dans les jours de ma vieillesse et, lorsque mon courage manquera, ne m'abandonnez pas[1]. Prière touchante que, par fois, il traduisait en

---

1. *Ne derelinquas me in tempore senectutis, cùm defecerit virtus mea, ne derelinquas me.* Psal. LXX. v. 9.

14

termes moins sérieux, aux amis qui le visitaient : « Pourvu,
leur disait-il, que Jean-Baptiste ne *déménage* pas ! »

Après l'affaire de son salut éternel, une chose le préoccupait par dessus tout : c'était son œuvre favorite, c'était le
Coton. Il répétait souvent, et nous eûmes la consolation de
lui entendre dire : « Si Dieu voulait seulement m'accorder
encore trois années de vie, j'aurais achevé ma fondation ;
j'aurais cent lits à laisser à mes pauvres ! *Non recuso labo-
rem*[1] ajoutait-il avec Saint Martin ; cependant, que la volonté de Dieu se fasse et non pas la mienne. »

Depuis que les souffrances l'eurent cloué sur sa couche,
il dut cesser la récitation du bréviaire, plus encore à cause
de ses faibles yeux que de ses autres maux. Il y suppléait par
celle du Chapelet, qu'il réitérait jusqu'à cinq fois dans le
cours de la journée. Cette prière avait, pour lui, quelque
chose de si sacré que, la veille de sa mort, un de ses vicaires s'étant approché pour le changer de lit, il le pria d'attendre qu'il eût achevé un Rosaire commencé. Et comme,
en le récitant, il avait été quelque peu distrait, soit par la
douleur, soit par ce qui se passait autour de lui, il se reprocha, devant tous les assistants, ces distractions, s'en accusa
comme d'une faute grave et en demanda pardon à Dieu.

Pendant cette dernière maladie, il ne reçut qu'une seule
fois la Sainte Eucharistie avant de communier en viatique,
précisément par un sentiment de profond respect pour le
Sacrement adorable des autels. En proie à de cruelles souffrances, environné de personnes constamment occupées à
les lui rendre moins vives ou plus supportables, il appré-
hendait de n'être ni assez préparé, ni assez recueilli pour
appeler en son âme Celui qu'elle aimait cependant avec ar-

---

1. Je ne refuse pas de travailler.

deur, qu'elle souhaitait rencontrer pour s'attacher à Lui de manière à ne jamais plus Le quitter[1].

Se sentant de plus en plus défaillir, il demanda, huit jours avant son décès, que les derniers sacrements lui fussent administrés. Il choisit, pour les recevoir, le jour et l'heure de la mort de son divin Maître et voulut, pour l'instruction et l'édification de ses paroissiens, les recevoir publiquement et en parfaite connaissance. Il avait témoigné le désir de voir autour de lui tous les prêtres et toutes les religieuses de la ville, afin que leurs prières suppléassent à son insuffisance.

Le vendredredi 5 septembre, à trois heures de l'après-midi, le triste glas de la cloche paroissiale annonça la grave cérémonie qui s'allait accomplir au presbytère; quatorze prêtres, dont deux formés et donnés au diocèse de Nancy par M. Renard, des sœurs de Saint-Charles et de la Doctrine chrétienne, un nombre considérable de fidèles furent bientôt réunis pour se diriger, de l'Eglise, vers l'appartement où le malade attendait et priait.

Bientôt commencèrent les oraisons liturgiques que, plusieurs fois, interrompirent les sanglots de l'assistance édifiée et profondément attendrie. Aurait-elle pu ne l'être pas? Que l'on se représente, en effet, dans une enceinte où ne pénétraient qu'à demi les rayons du jour, une table en forme d'autel, de laquelle se détachaient, entre deux cierges ardents, symbole de la foi catholique, le signe adorable de la Rédemption, le ciboire d'or et le vaisseau de l'huile consacrée ; que l'on se représente ensuite une couche recouverte d'un blanc linceul, et, sur cette couche, un vieillard plus

---

1. *Inveni quem diligit anima mea, tenui eum nec dimittam.* Cant. c. III. v. 4.

qu'octogénaire, les mains jointes, la tête à la fois dépouillée et blanchie par les travaux d'un long apostolat, dé-
couverte par respect pour la présence réelle de Jésus-
Christ sous les apparences de l'Eucharistie, écoutant avec
recueillement les exhortations du confident de sa conscience
dont les accents entrecoupés trahissaient l'émotion, répon-
dant avec ferveur aux invocations de l'Eglise, présentant lui-
même, ses membres amaigris, à l'onction de l'huile sainte,
et se confondant à l'aspect de l'Hostie divine qui l'allait fortifier, pour gravir jusqu'au sommet, la montagne de Dieu[1] : Que
l'on se représente ce vieillard, après avoir ainsi célébré sa dernière Cène, entonnant l'hymne de l'action de grâces, remerciant le Seigneur des bienfaits qu'il venait encore de lui accorder, et les assistants de leurs bonnes prières, puis, demandant à ses paroissiens pardon de toutes les fautes qu'il aurait
pu commettre à leur égard pendant sa longue résidence
au milieu d'eux; les vicaires et les autres prêtres de la ville
priant et pleurant, à genoux autour de leur vénérable
guide, leur confrère et leur ami; une foule religieuse, avide
de contempler encore une fois son pasteur, alors que son
âme, à moitié échappée de son corps, devenait presque visible sur son visage[2], et l'on aura une idée du spectacle solennel que les assistants avaient sous les yeux, et dont ils
étaient à la fois les acteurs et les témoins.

Une heure après la réception des derniers sacrements,
M. le Curé priait encore : encore il exprimait à Dieu sa parfaite gratitude et sans doute lui recommandait tous ceux
que bientôt il allait quitter pour un temps. Une sœur de

---

1. *Ambulavit.... in fortitudine cibi illius usque ad montem Dei.*
III. Reg. c. XIX. v. 8.

2. Chateaubriand. Génie du Christianisme. ch. XI.

Saint-Charles s'étant approchée pour lui offrir ses soins, le vit immobile et profondément recueilli; il entendit les paroles de la pieuse fille de charité, mais il n'y répondit point; il se contenta de faire comprendre, par signe, qu'il continuait, avec son Dieu, un entretien délicieux.

Huit jours après, le vendredi 12 septembre, plusieurs prêtres récitèrent, auprès de son lit, les belles et touchantes prières des agonisants, puis ils se rendirent à l'Eglise pour les réitérer solennellement au pied de l'autel, en présence d'un nombre considérable de paroissiens, que l'affection et la reconnaissance y avaient amenés. Sur les onze heures de la matinée, MM. les vicaires remarquant qu'il baissait d'une manière sensible, s'approchèrent tous ensemble pour le prier de leur donner sa bénédiction. « Est-ce que je vais mourir? » leur demanda-t-il d'abord avec son énergie accoutumée; puis, soulevant son bras, il formula sur ses enfants bien-aimés, le signe de la Croix, en prononçant les paroles ordinaires de la Bénédiction. La démarche pieuse de ses jeunes collaborateurs lui avait révélé son état désespéré. « Est-ce donc que je vais mourir, » répéta-t-il, à la sœur qui le soignait, aussitôt que les vicaires se furent retirés? Et pourquoi me faites-vous cette question lui répliqua doucement son attentive gardienne? « Mais, rien de plus simple, dit-il » à son tour; c'est, parce que si je dois mourir aujourd'hui, » je serai heureux de communier encore. » Les accidents de sa position ne permirent pas que cette consolation lui fût accordée.

A deux heures et demie, son confesseur entra et s'approcha du lit; M. Renard le reconnut, le salua du regard et lui témoigna, par signe, la joie qu'il éprouvait de sa visite. Pendant que le Ministre de Dieu bénissait une dernière fois l'agonisant, l'ange de la paix toucha de son spectre d'or

ses yeux fatigués et les ferma doucement à la lumière[1].
M. le Curé de Lunéville, dans sa quatre-vingt-sixième année, cessa de vivre, à l'heure à laquelle Notre Seignenr
avait dit : TOUT EST CONSOMMÉ[1].

1. Chateaubriand. Génie du Christianisme. ch. XI.

FUNÉRAILLES DE M. RENARD.

A la nouvelle de la mort du bon Curé, la population de Lunéville et celle de la banlieue s'émurent comme l'on s'émeut à l'annonce d'une calamité publique ; elles s'ébranlèrent pour rendre, à M. l'abbé Renard, les derniers honneurs et payer, à sa dépouille mortelle, le tribut de leur vénération comme, à ses bonnes œuvres, celui de leur admiration et de leur sincère gratitude. Afin de laisser un temps suffisant aux personnes chargées de faire les dispositions des funérailles et de permettre aux ecclésiastiques du dehors de se trouver à l'inhumation de leur confrère vénéré, le convoi funèbre fut fixé au lundi 15 de septembre, à dix heures du matin.

Le cercueil avait été placé sur une estrade, dans la grande salle du presbytère, transformée en chambre ardente, et c'est là que, depuis le samedi jusqu'au moment du service, tous les fidèles vinrent jeter l'eau sainte et répandre leurs prières avec leurs regrets. Au jour et à l'heure marqués, les cloches, placées par les soins du respectable défunt, dans les tours de l'Eglise, donnèrent le signal de la cérémonie. Après la levée du corps, faite par M. l'abbé Gérard, vicaire-général du diocèse, le cortége se mit en marche pour se diriger vers la Maison de Dieu. Les Congréganistes, toutes vêtues de blanc et couvertes de longs voiles, ouvraient la marche ; suivaient ensuite, en habit de chœur, plus de soixante prêtres accourus tant de Nancy que d'autres localités, pour donner à l'un des plus dignes vétérans du sanctuaire, un dernier témoignage de leur affection et de leur respect. Derrière ces ecclésiastiques marchaient les principaux officiants, chacun avec les ornements de son ordre; puis venait le cercueil sur lequel avaient été posés les insignes du défunt comme prêtre, chanoine honoraire et chevalier de la Légion-d'Honneur. Il était placé sous un riche baldaquin, orné de fleurs, de draperies de mousseline et d'étoffe de couleur verte galonnée et frangée d'or, et soutenu à une hauteur proportionnée, par six colonnes aussi recouvertes de mousseline blanche sur un fond vert. Au-dessus, et comme couronnement, était un cartouche entouré de roses blanches et portant, sur les deux faces, cette inscription à la fois si sublime et si simple, cette inscription résumant la pensée principale et les travaux apostoliques de M. Renard : LE PÈRE DES PAUVRES.

MM. les vicaires de la paroisse, collaborateurs par le droit, mais par le fait et comme nous l'avons dit plus haut, les enfants bien-aimés du défunt, suivaient le cercueil et, conjointement avec plusieurs membres de la famille, conduisaient le deuil. Une foule innombrable et pourtant silencieuse et tristement recueillie, accompagnait, priait et pleurait.

La belle compagnie des pompiers de Lunéville formait la garde du corps; plusieurs détachements de la garnison faisaient la haie, maintenaient la liberté du passage et contribuaient pour leur part à la majesté de la cérémonie.

Les trompettes sonnaient, les tambours roulaient à la sourdine, s'harmoniant de la sorte au chant lugubre des Psaumes de l'Eglise que modulaient les prêtres selon le rithme de la mort et la plaintive monotonie des tombeaux.

Les coins du poêle étaient soutenus par quatre députés des corps auxquels le vénérable défunt avait appartenu : M. l'abbé Sylvain, chanoine de Nancy, au nom du Chapitre de l'Eglise Cathédrale; M. l'abbé Trouillet, Curé de Saint-Maur, comme représentant du clergé paroissial; M. le Maire de Lunéville, de la part de la Commission des hospices, et un décoré de la Légion-d'Honneur, M. Renard ayant lui-même fait partie de l'Ordre.

Introduit dans l'Eglise, le corps fut placé sous un immense catafalque, préparé d'avance avec un goût épuré par les sentiments de la piété chrétienne et par ceux de l'affection, du respect et de la reconnaissance. Elevée sous la grande coupole de l'Eglise et couronnée par un dais d'étoffe noire semée de blanches larmes, cette chapelle funèbre se terminait par un obélisque élancé, sur les faces duquel se détachaient en lettres argentées, de pieuses inscriptions. Les gradins en étaient chargés de cierges et d'arbustes funéraires au feuillage sombre, double symbole de la tristesse des tombeaux et de l'espérance de la résurrection. D'épais rideaux noirs arrêtaient aux baies des fenêtres la lumière extérieure, l'enceinte sacrée ne devant recevoir de clarté que par les mille bougies du cénotaphe, de l'autel et de la corniche de l'abside.

Le corps municipal, les députations des diverses administrations judiciaires, civiles et militaires, après être venus saluer le cercueil dans la maison mortuaire, s'étaient rendus, par avance, à l'Eglise, pour y occuper, pendant l'office, les places qu'un cérémonial prévoyant leur avait réservées. L'Evêque diocésain, retiré, dans un angle du sanctuaire, sous un baldaquin de même couleur que les tentures, attendait, comme pour la recevoir au nom de l'Eglise, la dépouille du vieux prêtre, mort sur le champ du combat. Il avait voulu donner à l'excellent Curé défunt, cette dernière marque de son estime et de son affection.

La Messe fut célébrée par M. le vicaire-général officiant.

Après l'Evangile, un prêtre, vêtu de blanc, debout dans la chaire de vérité[1], redit à l'auditoire, plus imposant encore que nombreux, combien M. l'abbé Renard avait été bon citoyen et bon prêtre. Il annonça que le premier Pasteur dirait combien son héros avait été bon père de ses ouailles, lorsque, transporté dans la chapelle de l'hospice des vieillards, le cercueil serait descendu dans le sépulcre. Monseigneur fit l'absoute, puis le cortége se mit en marche pour se rendre à l'endroit où devait avoir lieu l'inhumation. La musique des lanciers, dont les symphonies funèbres avaient ajouté tant de solennité à l'office religieux, se joignit à la procession et, pendant le trajet de l'Eglise à l'hospice des vieillards, elle suppléa plusieurs fois, à l'insuffisance des voix humaines, pour envoyer au Ciel le cri de l'espoir et les chants de l'éternité. Les rues les plus spacieuses de Lunéville, bordées d'une foule toujours croissante et cependant toujours silencieuse, toujours profondément recueillie, furent parcourues jusqu'au terme de ce splendide quoique mortuaire pèlerinage.

Le cercueil du vénéré pasteur fut déposé sur une estrade, dans l'intérieur de la chapelle de l'hospice qu'il ne doit plus quitter. Monseigneur, qui avait voulu présider à la marche qui se terminait en ce lieu et qui se peut appeler triomphale, acheva les dernières prières, acclama l'adieu du tombeau, puis monta dans la chaire évangélique pour y dire la partie de l'éloge funèbre qu'il s'était promis de traiter. C'était précisément l'endroit le plus convenable pour raconter les actes de charité chrétienne, de dévouement pastoral, de sollicitude paternelle dont la vie du défunt n'a été, à Lunéville, qu'une suite non interrompue ; c'était l'endroit

---

1. Chateaubriand. Génie du Christianisme. ch. **X**. liv. **IV**.

le plus favorable pour exciter les paroissiens à une persé-
vérante reconnaissance envers le pasteur dont ils pleuraient
la mort, et pour leur faire entendre ces paroles du Sauveur :
Je vous le dis : si vous gardiez le silence de l'ingratitude,
les pierres crieraient pour vous[1] ! La charmante église de
l'hospice et les vastes bâtiments qui l'entourent ne forment-
ils pas, en effet, un monument qui, en abritant les pauvres
auxquels il est destiné, perpétuera, dans la cité qu'il em-
bellit, le souvenir du prêtre vertueux qui le fit élever.

Vers le soir, et après le chant des vêpres des morts, le
corps de M. Renard fut descendu dans un petit caveau
ménagé, pour le recevoir, au bas de la chapelle et à droite
en y entrant. Le pieux fondateur, dirigé par un sentiment
d'humilité digne d'admiration, n'a permis que sa dépouille
mortelle fût inhumée ni dans le sanctuaire, ni dans la partie de la nef qui en est plus rapprochée.

La ville de Stanislas eut bientôt reconnu que l'expression
de sa gratitude ne pouvait se restreindre à une manifestation, sincère et spontanée, il est vrai, mais qui n'aurait eu
de durée qu'autant d'heures qu'il en faut pour achever les
plus solennelles funérailles. Aussi, quelques jours, à peine,
après l'enterrement du pasteur défunt, le Conseil municipal
décida et M. le Maire fit savoir à ses administrés qu'une
souscription serait immédiatement ouverte, pendant dix
jours, à la mairie et dans les sacristies des deux paroisses,
pour l'érection d'un monument funèbre, dans la chapelle
des pauvres et des orphelins où est inhumé M. Renard et,
qu'une somme de cinq cents francs était votée pour la part
de la ville dans ce témoignage de la reconnaissance publi-

1. *Dico vobis : quia hi si tacuerint, lapides clamabunt.* Luc.
c. **XIX**. v. 40.

que envers ce digne bienfaiteur. L'appel du premier magistrat de leur cité fut entendu et compris par les habitants de Lunéville, et bientôt leurs offrandes, réunies à celle de la caisse communale, formèrent une somme de près de deux mille francs[1]. En publiant ce résultat, l'honorable M. Parmentier s'exprima de la sorte : « Ce chiffre est peu élevé, si on le compare à l'importance des bienfaits de M. le Curé; mais il faut tenir compte des sacrifices que chacun a dû s'imposer depuis plusieurs années; et si cette somme contraste avec l'étendue de nos regrets, elle obligera du moins à ne rien faire qui ne rentre dans les goûts et les intentions de ce digne pasteur auquel il serait déplacé d'élever un mausolée fastueux, quand il s'est constamment imposé les plus dures privations, afin de consacrer toutes ses épargnes à ses vieillards bien-aimés[2]. »

Ces réflexions de M. le Maire de Lunéville sont aussi sages que dignement exprimées. La première est une justice rendue à ses administrés, et la seconde un nouvel hommage à la modestie et au désintéressement de M. le Curé; c'est à ce double titre que nous les reproduisons en ce monument historique que nous avons entrepris d'élever à la mémoire de notre confrère vénéré. Il nous semble, à nous-même, que, quel que soit le style, quelle que soit la forme de la composition architecturale destinée à perpétuer la reconnaissance des fidèles paroissiens à leur dévoué pasteur, si une noble simplicité en caractérise la physionomie, elle redira, bien mieux, aux générations, la chrétienne humilité et la pastorale abnégation de l'homme de Dieu.

Les souscripteurs, même ceux qui auraient le moins

1. 1850. f. 60.
2. *Espérance* du 29 octobre 1856.

donné, ne doivent pas se préoccuper de l'exiguité de leur cotisation. Ni les membres de la famille, ni les confrères de M. Renard ne les jugeront d'après les idées du siècle. Les uns et les autres savent parfaitement combien les temps sont difficiles, combien multipliés sont, depuis trop long-temps, les fléaux à conjurer, les misères à soulager, les malheurs publics à réparer; ils n'ignorent, ni que l'ami dis-cret considère bien moins la valeur d'un présent que la dis-position sentimentale de celui qui le fait[1]; ni que le Sauveur des hommes plaça bien au-dessus des larges offrandes des riches enfants de Jacob, l'obole de la pauvre veuve, qui ne s'en dessaisissait pas, sans s'imposer une très-grande priva-tion[2]. Les uns et les autres sont heureux de la dernière preuve d'affection donnée, à M. le Curé de Lunéville, par ses paroissiens; à leur tour ils en sont, ils en demeureront très-reconnaissants.

1. *Prudens amator non tam donum amantis considerat, quàm dantis amorem.* Imit. Ch. lib. III. c. VI. n° 2.
2. Marc. c. XII. v. 42.

RELATIONS

de M. Renard avec sa famille.

En épurant les sentiments du cœur humain, la religion ne les rend que plus sincères, plus durables et plus vifs. Elle réprouve l'égoïsme, mais elle applaudit aux légitimes affections de famille d'autant que, dès le commencement, Dieu a voulu que la société domestique servît de type et de base à toutes les autres sociétés. Donc, en se consacrant au service de ses paroissiens, dont il aimait à se dire le père, M. le Curé de Lunéville n'oublia ni ses frères, ni les parents que le sang ou des alliances matrimoniales lui avaient donnés. Lorsqu'il cessa de vivre, il avait un frère, plus jeune que lui de quinze ans, dix-sept neveux et nièces, trente-trois petits-neveux et petites-nièces, puis des cousins à divers degrés.

Déjà nous avons pu juger quelles étaient ses dispositions intérieures à l'égard de sa parenté qui, de son côté, le considérait comme son principal ornement, son conseil, sa lumière, sa bénédiction. M. l'abbé Renard ne restait étranger à rien de ce qui intéressait les siens ; se réjouissant de leur prospérité, s'affligeant de leurs chagrins qu'il se préoccupait d'adoucir et de dissiper aussitôt qu'il en était averti. Ses consolations ne manquèrent à pas un de ceux qui eurent à les réclamer. Autant que ses forces et les circonstances le lui permirent, il alla, au sein de cette famille, objet de son affectueuse sollicitude, pour y bénir les unions conjugales qui s'y formaient, et l'on conçoit quel prix elle devait attacher aux bénédictions et aux prières d'un parent et d'un prêtre si pénétré de l'Esprit de Dieu. Le dernier voyage que fit M. le Curé de Lunéville dans son pays natal, pour y célébrer un mariage, eut lieu dans le courant de l'année 1844.

Non, la position sociale du prêtre ne ferme pas son cœur aux affections de la famille. L'homme aux nobles instincts qui n'a marché vers le sanctuaire que sous l'influence de l'Esprit de Dieu et pour se faire un dispensateur des mystères du Christ, non seulement ne s'isole pas de la société, mais il s'unit à ses semblables par une alliance bien plus étroite encore que celle de la nature et du sang. Il contracte avec l'Eglise un mariage, en quelque sorte divin, pour devenir le père, selon la grâce, d'une famille nombreuse qui se nomme la paroisse, et travailler à son bonheur en s'immolant pour ses avantages sur la terre et son salut pour le Ciel. Paroissiens et parents sont pour lui sur la même ligne, car le frère, la sœur, la mère du prêtre fidèle c'est celui qui fait la volonté du Père qui vit dans les Cieux[1]. Jésus-Christ lui-même, qui s'offrit pour le salut du genre humain, n'eut pas une autre parenté ; mais aussi jusqu'à quel point, pour elle, sut-il pousser l'amour ?

---

[1]. *Quicumque fecerit voluntatem Patris qui in cœlis est : ipse meus frater, et soror, et mater est.* Matth. c. XII. v. 50.

PORTRAIT DE M. RENARD.

Un ecclésiastique, ancien curé de Saint-Clément, ancien député aux Etats-généraux, retiré à Lunéville jusqu'à sa mort, qui arriva vers l'an 1815. M. l'abbé Chatrian, qui a laissé plusieurs volumes manuscrits de notes sur l'histoire ecclésiastique du pays, homme exemplaire dans sa conduite et juge sévère de celle de ses confrères, a tracé, quelques années avant sa mort, le portrait de M. l'abbé Renard, que nous allons reproduire, et auquel nous ajouterons quelques traits caractéristiques pour le compléter :

« Possédant l'heureux don de toucher et de persuader, il opéra par ses prônes et ses instructions solides, la conversion d'un grand nombre de personnes riches ou pauvres, jeunes ou âgées, instruites ou ignorantes, que le tourbillon de la révolution avait entraînées dans une indifférence totale pour leur salut ou dans une aversion marquée pour les pratiques religieuses. Il fit longtemps et seul, les catéchismes d'une paroisse nombreuse où il était vicaire ; et les jeunes gens qu'il instruisait n'ont point oublié ses explications lumineuses, ses histoires édifiantes, ses discours pleins d'onction qui les pénétraient et leur ont fait souvent répandre des larmes.

» Ses visites étaient rares et toujours réglées par la nécessité ou par la charité. Honnête et prévenant à l'égard de tout le monde, sans passion et sans aigreur contre ceux qui le critiquaient ou même qui le calomniaient ; toujours égal dans les circonstances mêmes où il est plus difficile de se

posséder, il sut allier la douceur de la charité avec la fermeté et la dignité du saint ministère. Il faisait aux pauvres
tout le bien qui était en son pouvoir. Comme ses parents
étaient aisés et que son Curé lui laissait quelques parties du
casuel, il payait des écolages et faisait de secrètes largesses
à des personnes dont il connaissait l'indigence. On prétend
qu'il a été quelque fois trompé ; c'est le sort des bons prêtres : Dieu ne l'en récompensera pas moins.

» Quel catéchiste ! Une charité sincère et désintéressée,
sans aigreur, sans imprudence, est son caractère : il ne
cherche pas à remplir l'esprit des enfants de connaissances
rares et superficielles ; mais à faire de véritables justes et
des chrétiens. Pour parvenir à ce but, dans quels détails
n'entre-t-il pas, dans une paroisse dont les besoins de toute
espèce sont extrêmes ? Prévenir les effets de la corruption
et des mauvais exemples dans les familles ; encourager les
uns par des secours appliqués à propos, animer les autres
par des récompenses ; gagner la confiance des parents, en
les soulageant dans leurs besoins ; contribuer à l'éducation
chrétienne de leurs enfants, en aidant à les placer chez des
maîtres ou des maîtresses attachés à la piété ; moyens sans
lesquels on travaille inutilement à former la jeunesse à la
vertu ; moyens que la charité de M. Renard met en œuvre
avec autant d'ardeur que de prodigalité.

» En un mot : c'est un homme de premier mérite, un
prêtre consommé dans la science de la Religion, un confesseur éclairé, un ouvrier infatigable qui, dans un siècle
moins ennemi des talents et de la piété, parviendrait aux
premières places. »

Nous prenons ici le pinceau :

M. l'abbé Renard sut allier un respect sincère et profond
pour l'autorité avec la noble et loyale indépendance du

prêtre et du citoyen. Eloigné de son diocèse par suite des circonstances auxquelles la Religion et le clergé restèrent absolument étrangers, Monseigneur de Forbin-Janson ayant témoigné le désir de se rapprocher de son troupeau, M. le Curé de Lunéville mit son presbytère à la disposition du Prélat et lui assura toutes sortes de bons offices.

Il aima sincèrement son pays et sut constamment se tenir en dehors des partis qui divisent les hommes et les portent à se haïr. On a pu, maintes fois, constater combien la gloire et la prospérité de la France, les beaux faits d'armes de ses soldats le réjouissaient et surexcitaient son patriotisme; combien ses humiliations, ses revers et ses malheurs affligeaient son âme et le préoccupaient.

Mais c'était surtout à l'égard des choses qui touchent à la Religion qu'il se montrait plus sensible et plus intéressé. Il était heureux d'apprendre les succès de ses confrères en leurs paroisses; les actes de dévouement qui avaient la charité pour principe, les personnes consacrées à Dieu pour auteurs, les malheureux et la foi catholique pour objets. Combien de fois ne le vit-on pas répandre des larmes de bonheur en entendant le récit de faits héroïques que la Religion seule a la puissance d'inspirer et de faire accomplir ! Combien, d'autre part, les maux de l'Eglise lui causaient d'inquiétude et d'affliction ! Comme il aurait voulu les guérir et rendre à la sainte Epouse de Jésus-Christ, calme et sécurité. Citons un exemple : Lorsque le dimanche, 31 décembre 1848, il fit à ses paroissiens, ses souhaits de bonne année pour 1849 et ses remerciements pour la manière dont ils avaient salué sa promotion au grade de chevalier de la Légion-d'Honneur, il abandonna promptement un sujet plus agréable encore pour ses auditeurs que pour lui-même, dominé qu'il était par de tristes préoccupations :

« Tandis que je goûte une si douce sensibilité à vous
» parler des sentiments dont mon cœur paternel est péné-
» tré pour vous tous que Dieu a faits mes enfants selon la
» foi, dit-il à ses paroissiens, je le sens oppressé d'un senti-
» ment bien différent que j'ai besoin d'épancher dans les
» vôtres afin de vous le faire partager ! »

Quel grave sujet de peine peut donc accabler un pasteur
environné de l'affection de ses chères brebis, au-dessus des
besoins de la vie et jouissant d'une parfaite santé? Ecoutons : « Vous le savez : Notre mère la Sainte Eglise est en
» deuil. Le Père commun des fidèles attaqué jusque dans
» son palais ; un Cardinal, son secrétaire intime et l'un de
» ses ministres ayant déjà succombé sous le fer et le plomb
» des assassins, exposé lui-même aux violences d'une fac-
» tion sanguinaire, n'a trouvé d'autre moyen d'éviter de
» plus grands malheurs que d'abandonner ses Etats et de
» s'enfuir dans un pays voisin. »

C'est donc la douleur de l'Eglise, c'est la captivité de son
chef visible qui trouble et désole l'enfant soumis, le prêtre
dévoué ! Toutefois, son chagrin ne se manifestera pas par
de vaines lamentations. Elevé à l'école des prophètes, c'est
avec l'énergie de ces hommes inspirés qu'il veut reprocher
à la ville éternelle, son ingratitude et sa versatilité :

« Est-ce là, ô peuple de Rome, est-ce là que devait
» aboutir l'enthousiasme que tu avais fait éclater pour l'au-
» guste Pontife qui avait commencé avec tant de prudence
» et de sagesse, ta régénération civile et politique? Eh !
» comment n'as-tu pas honte de payer tant de sacrifices,
» tant d'amour, tant de bienfaits, par un tel excès d'ingra-
» titude? Ah ! sache que, par l'attentat sacrilége que tu as
» osé commettre contre la personne sacrée du digne vicaire
» de Jésus-Christ, tu as soulevé contre toi l'indignation de

» l'univers catholique et attiré sur ta tête les malédictions
» du Ciel ! Puisses-tu ouvrir les yeux et reculer d'effroi, à
» l'aspect de l'abîme que tu creuses sous tes pas. »

Si, d'une main, il combat l'ennemi, de l'autre il étreint
sa mère affligée et, sa voix prenant un accent de supplica-
tion, il invoque pour elle les sympathies universelles : « En
» tout temps, le caractère distinctif, la vertu essentielle des
» vrais enfants de l'Eglise, est d'aimer leur mère et de s'in-
» téresser avec zèle à sa gloire, à son maintien, à sa pros-
» périté; mais c'est surtout dans les jours d'orage et de
» malheur que ce zèle d'amour et de dévouement doit éclater
» davantage. Elevons tous ensemble et avec tous les vrais
» catholiques de l'univers, élevons des mains suppliantes
» vers le ciel; faisons une sainte violence à Dieu pour qu'il
» calme promptement la tempête, qu'il rende la paix à son
» Eglise et, à l'illustre Pie IX, son digne vicaire, la liberté,
» l'autorité, l'indépendance qui lui sont nécessaires pour
» continuer à la gouverner avec la sublime sagesse dont il
» a déjà donné tant de preuves. »

Il faisait donc de la mystique Jérusalem[1], le premier et le
plus cher objet de son allégresse ! A l'imitation du prophète, il eût voué sa droite à l'oubli et sa langue à l'immo-
bilité, plutôt que de l'oublier un seul instant, même pour
un motif auquel, sans le bien comprendre, le monde ne
pouvait manquer d'accorder son respect et son admiration.

M. l'abbé Renard l'emporta sur les économistes modernes dans ses entreprises charitables et dans leurs magnifiques résultats. Non pas qu'il ait élaboré à grands frais de
méditations, de recherches et de dispendieux essais, quelque nouveau système de répartition de secours ou d'alimen-

---

1. *Proposuero Jerusalem in principio lœtitiœ meœ.* Psal. 136.

tation à bon marché ; mais parce que, déterminé tout d'abord, par cette vérité que la philosophie ne connaît point, dont beaucoup de personnes honorables et réellement chrétiennes ne paraissent pas même soupçonner l'existence, à savoir : que les Livres saints renferment non seulement le précepte de l'aumône, mais encore la manière la plus simple et la plus profitable de l'accomplir, il puisa directement, à la source de toute lumière et de toute perfection, les documents dont il avait besoin, pour le plus prompt, le plus sûr et le meilleur accomplissement de ses charitables projets. Il sut se rappeler que l'Apôtre avait formellement enjoint aux premiers fidèles de demeurer fermes et de conserver les traditions qu'ils avaient apprises, soit par ses paroles, soit par ses lettres[1] ; qu'il avait dit à son disciple Timothée : Celui qui n'acquiesce pas aux salutaires instructions de Notre-Seigneur-Jésus-Christ et à la doctrine qui est selon la piété est un orgueilleux, qui ne sait rien, mais dont l'esprit malade se perd en des questions desquelles naissent de pernicieuses disputes entre personnes qui finissent par s'imaginer que la piété doit leur servir de moyen pour s'enrichir[2]. O Timothée ! conservez le dépôt qui vous a été confié ; fuyez les profanes nouveautés de langage et toute doctrine contraire qui porte faussement le nom de science ! Plusieurs en font profession, mais ils se

1. *State et tenete traditiones quas didicistis sive per sermonem, sive per epistolam nostram.* II. Ep. ad. Thess. c. II. v. 14.

2. *Si quis non acquiescit sanis sermonibus Domini Nostri Jesu Christi, et ei, quœ secundum pietatem est, doctrinœ : superbus est nihil sciens, sed languens circa quœstiones....... conflictiones hominum existimantium quœstum esse pietatem.* I[a] ad. Timoth. c. VI. v. 5.

sont égarés dans la foi[1]. Il se conforma, en conséquence, aux traditions apostoliques, autant pour l'enseignement que pour les bonnes œuvres, et c'est pourquoi, dès le début, il marcha d'un pas ferme, il avança d'une manière surprenante; il atteignit directement son but. En résumé, M. le Curé de Lunéville aima la beauté de la Maison du Seigneur, il fut constamment dévoué au service de l'Eglise, du diocèse, de sa paroisse et des pauvres; il comprit admirablement la grande œuvre de l'aumône, la traita de main de maître et de manière à servir de modèle aux âmes généreuses, aux économistes de toutes les époques; il fut prêtre selon le cœur de Dieu, et ses jours furent heureusement remplis! O Jésus! souverain Pasteur, daignez lui accorder, dans le séjour de la gloire éternelle, la récompense de ses utiles et nombreux travaux!

1. *O Timothee, depositum custodi, devitans profanas vocum novitates, et oppositiones falsi nominis scientiæ : Quam quidam promittentes, circa fidem exciderunt.* Eadem Ep. id. cap. v. 20, 21.

TABLE DES MATIÈRES.